FÉLIX MOUSTIER

Questions Rurales

Manuel à l'usage des Cercles chrétiens d'Études

PRÉFACE

De M. l'Abbé NAUDET

PARIS

Anc. Mson GAUME ET Cie

X. RONDELET ET Cie, ÉDITEURS

3, RUE DE L'ABBAYE, 3

1898

QUESTIONS RURALES

308-98. — CORBEIL. Imprimerie Éd. CRÉTÉ.

FÉLIX MOUSTIER

QUESTIONS RURALES

MANUEL

A L'USAGE DES

CERCLES CHRÉTIENS D'ÉTUDES

PRÉFACE

de M. l'abbé NAUDET

PARIS

Aⁿᶜ Mᵒⁿ Gaume et Cⁱᵉ

X. RONDELET et Cⁱᵉ, ÉDITEURS

3, rue de l'abbaye, 3

1898

Droits de traduction et de reproduction réservés.

PRÉFACE

C'est une grave question, que cette question agricole et on ne saurait trop savoir gré à M. Félix Moustier de lui avoir consacré un livre aussi excellent de doctrine, aussi riche de documents.

Non pas que, sur tel ou tel point en particulier, il ne soit permis de différer avec lui de sentiment ou de discuter certaines conclusions; mais ces très minimes divergences importent peu. Ce qui importe surtout, c'est de constater ici que l'auteur est dans la pleine orientation démocratique et que son livre, sur le terrain de l'action rurale, sera d'un précieux secours aux démocrates chrétiens.

Labourage et pâturage sont les deux mamelles de la France, disait Sully le grand ministre, et si, depuis quelque vingt ans, la politique, l'odieuse politique — le mot est pris dans son mauvais sens — maîtresse de toutes nos forces vives, a remplacé par des formules vagues, creuses ou malfaisantes les idées saines et pratiques d'autrefois; si elle a sacrifié les intérêts généraux de la nation au triomphe des coteries et à la satisfaction de quelques politiciens aux dents longues et aux estomacs affamés; on commence, Dieu merci, à en revenir et à donner une attention sérieuse aux vrais intérêts du Pays.

Le devoir, de tous les gens de bien, est d'apporter à cette œuvre de régénération leur part de dévouement et leur part de labeur.

Car c'est aux champs, sous le grand soleil qui dore le ciel bleu et fait mûrir les blés, parmi les habitants de la terre féconde qui donne le pain de chaque jour, que sont en réserve, au point de vue moral, économique, politique, national, les forces du présent et les espérances de l'avenir.

Là, on trouve encore, et plus qu'ailleurs, dans la noble paysannerie française, les vertus solides qui font l'honnête homme et le bon citoyen élevés à la grande école de la patience et de l'abnégation. Là, on trouve les éléments les plus vigoureux de la race; les jeunes hommes poussent drus et fermes, comme les arbres de la forêt — partout, du moins, où le mal innommable et dévastateur n'a pas pénétré. Vivant de nourriture saine et d'air pur, ces jeunes hommes arrivent à leurs vingt ans et partent pour l'armée, dans la plénitude de la vigueur physique, afin de se préparer, le cas échéant, à défendre le pays.

C'est la campagne qui fournit au trésor ses revenus les plus abondants, c'est elle encore qui, à un autre point de vue, est la première puissance de l'État et lui donne la grande masse des électeurs.

Tout le monde sait cela, et cependant, depuis de longues années, on pourrait dire — tellement les temps heureux sont loin — depuis toujours, l'agriculture est sacrifiée, les intérêts des paysans sont méconnus. La terre est considérée comme un champ d'expérience ouvert à toutes les utopies économiques et financières des gouvernements qui se suivent, et si, comme nous le disions plus haut, on commence aujourd'hui à revenir de cette aberration détestable, le progrès est à peu près imperceptible, tant il va lentement. Sans entrer dans le détail des récriminations et plaintes légitimes des agriculteurs, ne suffit-il pas de rappeler ici que les villes perçoivent à leur profit exclusif des droits sur les produits agricoles, que l'agriculture, selon les évaluations les plus modérées, par une inégalité aussi choquante qu'inexplicable, paie au fisc près du tiers de son revenu, environ 10 p. 100 de plus que la propriété urbaine, trois fois plus que les actions mobilières et sept fois plus que la rente ?

Cela paraît monstrueux et cependant il y a plus, car les actions et la rente ne sont soumises à l'impôt que si elles rapportent. — J'ai des parts dans une exploitation minière. Si la mine brûle ou est envahie par les eaux, si, par suite d'une grève ou d'une circonstance quelconque, la mine ne produit pas, sans doute, je ne jouirai d'aucun revenu, mais, du moins, je ne paierai rien à l'État. Au contraire, mon voisin, possesseur d'une vigne ou d'un champ de blé, voit sa vendange ou sa moisson détruite par la grêle. Comme moi, il ne jouira d'aucun revenu, mais, moins heureux que moi, il sera obligé de payer la note du percepteur, sauf une diminution le plus souvent infime qu'on pourra lui accorder, en grande faveur, s'il est recommandé par le député influent.

Nous pourrions multiplier les exemples, mais il suffira de lire le livre auquel ces lignes servent de préface pour être pleinement édifié et pour constater que l'agriculture peut-être considérée comme une industrie malhonnête, de laquelle on ne saurait trop exiger, puisqu'elle ne réclame pas.

C'est là, en effet, le grand mal : l'agriculture ne sait pas se plaindre ou si, parfois, elle fait entendre des réclamations, ces réclamations sont toutes platoniques et n'aboutissent pas.

La raison en est bien simple et M. Moustier, au chapitre premier de sa troisième partie, nous l'indique clairement, c'est que la terre n'est pas représentée, et que nos Chambres comptent à peine une infime minorité d'agriculteurs, submergés, étouffés au milieu d'une masse énorme de journalistes, d'avocats, d'avoués, de médecins, d'apothicaires qui se soucient autant des intérêts de la campagne que des fantaisies du sultan de Zanzibar.

La race paysanne, par le fait même de son travail, n'étant pas agglomérée, les professionnels agricoles sont moins redoutables que les manouvriers de l'industrie, qui peuvent se concerter, s'organiser, se mettre en grève, parfois, faire des barricades. Aussi les premiers sont-ils considérés comme quantité négligeable et toutes les faveurs vont aux seconds.

Voilà pourquoi les démocrates chrétiens ont inscrit en bonne place, dans leur programme, la représentation professionnelle et les chambres d'agriculture, à côté des chambres du commerce et de l'industrie, des chambres du travail, des chambres maritimes, etc. Toutefois, comme il faut courir au plus pressé et que cette réclamation, malheureusement, n'est pas près d'aboutir, ils ont encore bien d'autres réformes à proposer ; on les trouvera très détaillées et très étudiées dans les divers chapitres du livre de M. Moustier.

Quelques-uns de ces chapitres ont déjà paru dans la *Justice sociale* (1) et c'est ce qui nous

(1) La *Justice sociale* (directeur : l'abbé Naudet) est le journal

vaut l'honneur de présenter au public l'ouvrage et l'auteur : l'ouvrage, parce qu'il est excellent, l'auteur, parce qu'il est de nos amis de cœur.

Dieu veuille que le grand public fasse bon accueil à l'un et à l'autre et que les *Questions rurales* s'en aillent à travers le monde semant la vérité et travaillant pour leur part à ramener la justice dans notre ordre économique d'où elle semble bannie depuis si longtemps.

La justice, ramenée dans l'ordre économique, ramènera à son tour la paix dans l'ordre social.

Et, dans un monde enfin rétabli sur ses bases, les avenues seront plus larges, par où passera le Christ Jésus, le maître de toutes choses, entraînant à sa suite vers des horizons splendides les masses profondes de notre humanité.

L'abbé Naudet.

d'avant-garde des démocrates chrétiens. — Rue Littré, 12; un an, 6 francs.

AU LECTEUR

En contact journalier avec nos chers paysans, l'auteur de ce livre rêvait depuis plusieurs mois d'installer dans la paroisse où la Providence l'a placé un *cercle d'études* semblable, dans son fonctionnement, à ceux qui existent dans les villes industrielles, au sein des associations démocratiques chrétiennes.

Pour atteindre son but et simplifier sa tâche il se mit à la recherche d'un ouvrage traitant les questions agricoles envisagées sous leur aspect social et qui pût servir à la fois aux fondateurs et aux membres des *cercles chrétiens d'études rurales*.

Un tel ouvrage n'existait pas.

La pensée lui vint alors d'y travailler et de combler cette lacune.

Le temps presse, les besoins grandissent, les révolutionnaires entament les campagnes. Il fallait donc aller vite, et si le présent travail se ressent de cette précipitation, l'auteur ose espérer que le lecteur voudra bien le lui pardonner, en considération des services qu'il souhaite rendre aux hommes de bonne volonté désireux de se consacrer à la formation des meneurs chrétiens au sein de nos populations rurales.

On n'a donc pas visé à mettre sur pied un livre de fonds : c'est un soin que volontiers nous laisserons à de plus instruits. L'unique préoccupation a été de soulager quelques misères en poussant en avant des hommes de cœur, encore peu au courant des revendications de la classe paysanne et d'aider par là au progrès de l'idée démocratique chrétienne dans nos campagnes de France.

L'auteur sera suffisamment récompensé de la peine qu'il s'est donnée s'il a le bonheur d'avoir réussi.

F. Moustier.

AVANT-PROPOS

Notre parti démocratique chrétien, jeune, plein de sève, en harmonie avec son siècle par ses aspirations légitimes, sait étudier sous toutes ses faces le problème ardu que soulève la question sociale. Jusqu'à présent les « lanceurs » du mouvement n'ont guère étudié à fond que la question ouvrière. Il nous faut faire un pas en avant, et appliquer au travailleur des champs dans ses relations avec la terre, les principes sociaux chrétiens établis par Léon XIII dans son immortelle Encyclique. Du succès ou de l'insuccès de nos efforts sur ces populations rurales qui sont les principales réserves du parti de l'ordre et qui comptent jusqu'à 26 millions d'habitants dépend, on peut le dire hautement, le succès ou l'insuccès de la démocratie chrétienne.

La question agricole est posée. A la campagne, le travail ne suffit plus à nourrir son homme; le paysan a de la peine « à nouer les deux bouts », il hypothèque ses biens au bénéfice des « vendeurs de larmes », entre lui et la terre les liens se relâchent, la petite propriété succombe dans sa lutte inégale contre l'argent, première puissance du jour, la natalité diminue, les *bras* — pour parler le langage matérialiste de l'économie classique — font défaut, un prolétariat agricole immense est en train de se former.

Qu'adviendra-t-il alors le jour où le prolétariat des villes rencontrera sur sa route d'autres multitudes, elles aussi affamées, toutes prêtes à entrer dans les cadres de l'armée révolutionnaire? Cette seule pensée fait trembler.

De plus, la prospérité des campagnes fut toujours l'un des secrets de la prospérité des nations. On connaît le proverbe : quand l'agriculture va, tout va.

Sous cette frome générale, si par là on entend que la solution de la question agricole peut résoudre à elle seule toute la question sociale, le proverbe que nous venons de rappeler contient une part d'exagération. Il n'en est pas moins vrai de dire que les réformes agricoles sagement appliquées contribueraient à enlever à la question sociale ce qu'elle présente parfois d'aussi aigu, en stimulant la consommation et en arrêtant le mouvement continu d'émigration des campagnes à la ville, cause d'abaissement des salaires ouvriers. C'est en ce sens et dans cette mesure que l'on peut à bon droit prétendre que le relèvement de l'agriculture aboutirait à un certain relèvement du commerce local, des petits métiers, partant à une détente de la crise industrielle.

Comment aboutirons-nous? Par une action sage et prompte où la justice recouvrera ses droits méconnus, en substituant dans les rapports sociaux l'idée chrétienne à l'idée païenne, les principes chrétiens aux principes du libéralisme économique.

D'abord il nous faut dégager les nombreuses erreurs qui s'abritent à l'ombre des « immortels principes », montrer ce qui rentre d'égoïsme brutal dans cette loi d'airain de la lutte pour la vie mise à la base de tout notre régime agraire. Entre propriétaires et fermiers, entre fermiers, métayers et ouvriers agricoles, dans les rapports des hommes entre eux, dans leurs rapports avec la terre, nous voyons les funestes effets de cette lutte s'exercer chaque jour ; le plus fort tire à lui toute la couverture sans souci des droits de ses semblables, le plus faible tombe à terre vaincu. Et à ce vaincu qui est sa victime, à ce vigoureux travailleur, une société paganisée ne peut plus offrir qu'un lit d'hôpital ou le secours humiliant de l'assistance publique.

Dans notre régime agraire, il s'est produit pourtant des transformations dont il nous faut tenir compte. Le machinisme s'est développé et se développe tous les jours : il a ainsi pris la place du « valet ». Le marché agricole n'est plus resserré dans les limites étroites d'un pays ou d'une province ; par suite de la multiplication des voies ferrées et de la navigation, il est devenu international.

Loin de nous la pensée de vouloir entraver ce progrès et ces sources nouvelles de richesses. Mais tandis que jusqu'ici, sous un régime de fausse liberté qui a enfanté la servitude, ce progrès n'a abouti qu'à diminuer l'homme, nos efforts tendront à ce qu'il devienne le lot de tous et non plus seulement de quelques privilégiés. Dans une société chrétiennement organisée, c'est-à-dire, ayant pour base la justice et pour couronnement la divine charité, la richesse doit être la servante de l'homme et non l'homme l'esclave de la richesse.

. . . .

. . . .

Quelles sont les réformes qui garantiront plus sûrement au travailleur des champs ses droits, sa vie, la vie de sa famille, sa part enfin du progrès social? Nous essayerons de les indiquer.

Mais en attendant la réalisation de ces réformes, l'organisation chrétienne des masses rurales, n'y a-t-il rien à essayer pour mettre l'agriculture défaillante à même de se défendre contre la crise actuelle? Nous n'avons jamais été les partisans du « il n'y a rien à faire ». Notre conviction, au contraire, est qu'il y a beaucoup à faire et que le soulagement d'une grande partie des misères rurales dépend des efforts auxquels se livrera l'initiative privée.

Aussi nous a-t-il semblé préférable de commencer ces esquisses d'économie rurale par l'exposition des œuvres pratiques qui fraieront à notre action sur les campagnes le plus sûr chemin. Le paysan est fatigué de promesses ; trahi par tous ces politiciens qui ont battu la caisse sur son dos, il est moins que jamais disposé à se donner, et il faut bien reconnaître que les œuvres sociales pratiques au moyen desquelles il lui deviendra plus facile d'améliorer sa situation, forment la dernière et l'unique ressource de ceux qui veulent, dans l'intérêt du bien, gagner la confiance du paysan. La caisse rurale qui lui fournit le petit crédit dont il a besoin, le syndicat qui lui procure des avantages positifs pour ses achats et pour ses ventes, la caisse locale d'assurance contre la mortalité du bétail, et quelques autres œuvres encore, voilà les moyens puissants auxquels il nous faut recourir d'abord. Après ce travail de début, le paysan consentira à entrer au cercle d'études rurales qui est le point de départ d'une organisation agricole durable et où seront étudiées les unes après les autres les réformes positives inscrites au programme des démocrates chrétiens.

QUESTIONS RURALES

PREMIÈRE PARTIE

LES ŒUVRES RURALES

CHAPITRE PREMIER

CAISSE RURALE

Aussi bien que le commerçant et l'industriel, le laboureur a besoin de crédit pour faire ses affaires ou pour les développer. S'il n'a pas un capital d'exploitation suffisant, il aura les bras liés. Qui ne sait du reste que *c'est l'argent qui fait l'argent* ? Car comment pourrait-il sans avances améliorer sa terre, se procurer des engrais suffisants et de bonne qualité, des animaux de ferme et de rapport, les meilleurs plants et semences, les instruments de travail les plus perfectionnés? Surtout, en ces temps de crise agricole où la terre est devenue « la bête de de somme du fisc », s'il ne produit pas beaucoup, le laboureur court à la ruine, et comment augmentera-t-il la force productive de sa propriété ou de sa ferme s'il n'a le crédit à sa disposition?

Il est une seconde raison pour laquelle nous devons nous hâter de développer partout les institutions de crédit. A notre époque de transition sociale elles sont appelées à jouer un rôle prépondérant dans l'affranchissement de l'ouvrier.

L'état inorganique actuel qui entraîne la dépossession du grand nombre et, en sens contraire, la création de « latifundia », cette situation inférieure très réelle, qui sans cesse s'accentuera, de ceux qui ne peuvent fournir que leur travail vis-à-vis de ceux qui détiennent la terre, tout cela c'est le fruit du libéralisme que nous combattons, et qui est, à n'en pas douter, l'hérésie du xix° siècle.

N'oublions pas de lui opposer le but que poursuit l'école sociale chrétienne. Nous recherchons, nous, l'accession à la propriété du plus grand nombre, de tous, s'il était possible (1);

---

(1) M. le comte de Rocquigny, dans son intéressant ouvrage : *Syndicats agricoles et socialisme agraire*, n'hésite pas à reconnaître que cette « accession plus large des travailleurs ruraux à la propriété est le terme final de l'évolution sociale », p. 335.

nous voulons que l'instrument de travail appartienne à l'ouvrier, de telle sorte qu'un jour venant il ne soit plus forcé de prélever une rente sur le fruit de son travail. But lointain, nous objecteront nos adversaires. C'est possible, mais il n'en demeure pas moins la fin dernière de nos efforts, et, pour y atteindre, il n'y a qu'un moyen à notre disposition : la caisse de crédit. A elle, il appartient de mettre à la disposition de ceux qui n'ont pas eu la chance de recevoir par un héritage un instrument de travail, les capitaux nécessaires à cette acquisition. Cela suppose une organisation du crédit avantageuse au travailleur.

Entre tous les essais de crédit agricole qui ont été tentés au cours de ce siècle pour remédier à la situation précaire de l'agriculture, il nous faut citer la société du *Crédit foncier de France*, constituée sur le modèle de la *Banque de France* par les lois du 18 décembre 1852 et du 19 juin 1857 et relevant du gouvernement. Jusqu'en 1877 elle conserva le monopole des opérations de prêts remboursables par annuités, véritable privilège eu égard aux avantages qu'une pareille société devait mettre à la disposition de l'emprunteur en favorisant par ce moyen l'amortissement de sa dette.

Fondée dans le dessein louable de faciliter la réduction de la dette hypothécaire qui grève si lourdement notre sol national puisqu'elle atteint le chiffre de 15 ou 20 milliards, c'est-à-dire le dixième environ de la propriété foncière, on peut justement dire qu'elle a manqué le but. Elle a prêté son appui à des sociétés de spéculations immobilières en certaines grandes villes et stations du littoral ; elle s'est faite la pourvoyeuse trop accorte de nos malheureuses communes qui lui ont demandé 2 gros milliards pour bâtir leurs palais scolaires, sans compter les autres affaires qu'elle a lancées, les émissions qu'elle a patronnées et les services secrets qu'elle a rendus en catimini au gouvernement. Mais en tout cela on ne voit pas très bien comment elle a contribué au relèvement de l'agriculture. Loin d'en être l'auxiliaire, en entretenant ainsi cette fièvre de spéculations dont est atteinte la richesse moderne, elle nous apparaît au contraire avoir rempli l'office de pompe d'épuisement.

Telle est en quelques lignes l'histoire du rôle que le Crédit Foncier a joué.

Sa dégénérescence l'a rendu inutile à l'agriculture. Ce serait une autre question que de se demander s'il aurait pu, enfant mieux élevé, nous aider davantage. Nous ne nous y arrêterons pas, laissant au lecteur le soin de se faire sur ce point une opinion ou de n'en pas avoir.

On a essayé bien des formes de crédit agricole. En Allemagne les banques populaires de Schultz-Delitsch ont eu de la vogue, et ont rendu des services. Chez nous, le crédit mutuel de Poligny est un type réussi de science servi par un grand dévouement.

A notre avis, le type idéal et populaire est la caisse Raiffeisein appropriée à notre législation par un juriste de grand mérite, M. Durand, avocat à la cour d'appel de Lyon, et propagé par lui avec un infatigable dévouement.

Il ne saurait être question d'entrer ici dans tout le mécanisme de la caisse rurale et de répondre à toutes les objections qui ne pourront manquer de surgir dans l'esprit du lecteur. Nous voudrions exposer rapidement les principes sur lesquels repose cette œuvre d'une éminente utilité sociale, et décider le lecteur à l'étudier plus à fond (1).

Il existe une première règle absolue, qui interdit à la caisse rurale d'étendre aux étrangers le privilège de ses prêts : elle ne traite qu'avec ses sociétaires; point de crédit possible si vous

(1) Voir *Manuel pratique de l'usage des fondateurs de caisses rurales* par L. Durand, 79, avenue de Saxe, Lyon. Prix : 1 fr.

n'êtes déjà son associé. Comment le deviendrez-vous? Avec l'autorisation du conseil d'administration, en donnant votre adhésion par écrit à la société, et, si vous ne savez pas écrire, en autorisant un tiers par procuration notariée à vous représenter auprès de la caisse rurale.

Mais le principe fondamental de la caisse rurale est, avant tout, la responsabilité illimitée de ceux qui consentent à en faire partie; par le fait même qu'ils y adhèrent, ses membres s'engagent rigoureusement à répondre de toutes les dettes de la société.

A une époque comme la nôtre, où le « chacun pour soi » a été érigé en doctrine, l'énonciation de ce principe de *solidarité* fait reculer d'horreur. A l'entendre ainsi brutalement affirmé, on ne se figure pas tout d'abord que des hommes assez niais se rencontrent pour courir volontairement de pareils risques.

Examinons le fonctionnement de la caisse rurale et nous allons voir, à la lumière de ces éclaircissements, si cette appréhension est motivée.

Notons d'abord que le chiffre d'affaires de la société est déterminé par l'assemblée générale des sociétaires responsables : ils délimitent ainsi dans la réalité le total de leur responsabilité. Ce n'est pas tout: non seulement ils fixent eux-mêmes le *maximum* des engagements totaux de la caisse, mais la *somme maxima* susceptible d'être prêtée, et cela quelles que soient les garanties que présente l'emprunteur.

La caisse rurale ne se contente pas de limiter ses affaires ; elle les veut sûres, et pour cela voici dans quelles conditions elle opère :

1° Elle ne prête qu'à des gens connus (1). Fondée dans une commune au territoire restreint, ou dans une section de commune, elle sera à même de se renseigner facilement sur la solvabilité de son client mieux que n'importe quel banquier d'une grande ville. Les commérages y sont trop à la mode pour que dans une modeste bourgade, dans un village, plusieurs individus se trompent du tout au tout sur la situation de fortune d'un voisin.

2° Elle ne prête pas indifféremment au premier venu. Pour les raisons que nous indiquerons tout à l'heure, la Caisse n'a aucun avantage à multiplier ses opérations. N'étant pas obsédée par le souci des gros dividendes à

(1) A la tête de la caisse rurale se trouvent : le conseil d'administration qui se compose de trois membres dont un directeur, et le conseil de surveillance, qui se compose de cinq membres.

partager, ceux qui la représentent auront intérêt à ne traiter qu'avec des gens économes, laborieux et d'une honnêteté irréprochable.

3° Est-il utile d'ajouter qu'elle saura ne prêter qu'en raison de la responsabilité de l'emprunteur sagement envisagée?

4° La caisse rurale se proposant pour but unique de favoriser l'emprunteur, repoussera énergiquement les demandes de prêts inutiles. Elle exigera de son client qu'il déclare quel emploi il veut faire de l'argent sollicité et avec lui, ensuite, elle agira en amie expérimentée.

5° Mais surtout la caisse rurale ne prêtera jamais si le prêt n'est garanti par une *caution*, et, quoi qu'on en prétende, l'expérience démontre qu'un ami qui le mérite trouve toujours un ami pour lui rendre ce service... à titre de revanche, bien entendu. — La caution n'est pas la seule garantie dont pourrait se servir la Caisse rurale ; mais au *gage*, à l'*hypothèque*, elle préfère, dans l'intérêt de son associé, ce premier mode.

En certains cas elle pourrait recourir à un autre procédé ou ajouter cette nouvelle garantie aux garanties précédentes si celles-ci n'étaient pas jugées suffisantes. Elle achèterait *en son nom* l'objet utile à son associé emprunteur pour le lui prêter ensuite. Supposons qu'il s'agisse d'un cheval. Le propriétaire sera *averti* que l'animal n'appartient pas à son fermier, et il en donnera à la caisse rurale une reconnaissance écrite (s'il s'y refusait il pourrait y être contraint par huissier). Le privilège que la loi lui accorde sur le cheval de son fermier passe ainsi à la caisse rurale, qui reste propriétaire de l'animal jusqu'au remboursement intégral de sa valeur. S'il vient à périr pendant ce temps, il périt pour l'emprunteur.

On chercherait en vain, nous semble-t-il, le banquier ou le notaire qui s'entoure d'autant de précautions.

Il en reste cependant une dernière : c'est la constitution d'une réserve.

Elle peut se constituer parfois à l'aide de dons faits à la caisse. Mais généralement elle se forme au moyen des bénéfices minimes que la caisse prélève sur les opérations auxquelles elle se livre. Et voici comment : la caisse emprunte à 3 p. 100 et prête à 4, elle s'attribue un bénéfice de 1 p. 100 et c'est ce bénéfice qui compose la réserve.

Cette réserve est la propriété absolue de la caisse. Et, à supposer qu'un jour la société soit dissoute, elle reste impartageable, les associés n'ont pas le droit d'en réclamer leur part.

1.

La réserve joue un double rôle. Elle est d'abord une garantie nouvelle qui diminue la responsabilité commune des associés; au cas où une perte viendrait à se produire, la réserve y suppléerait. Tel est son rôle actuel.

Mais il nous faut voir plus loin.

Déjà nous avons examiné l'importance des institutions de crédit en ce qui concerne l'avenir de la question agricole pour faciliter au métayer et au fermier l'acquisition de l'instrument de travail nécessaire. Est-il téméraire d'ajouter que la caisse rurale qui, par sa réserve, constitue un capital social impartageable, résoudra en tout ou en partie cette trop fameuse question du prêt à intérêt, dans laquelle beaucoup de bons esprits aperçoivent le virus qui empoisonne notre monde moderne. Comment arrivera-t-elle à ce résultat? C'est aisé à prévoir. La caisse rurale, en possession de son capital social, recherchant avant tout l'avantage de ses membres emprunteurs, diminuera peu à peu les taux de ses prêts, si du moins elle veut demeurer fidèle à l'esprit de sa fondation. N'ayant plus besoin d'emprunter au dehors et trouvant dans sa réserve les capitaux qu'il lui faut pour satisfaire les demandes d'emprunt qui lui sont adressées, au lieu de prêter à 4 p. 100, qui l'empêchera de baisser successivement ce taux à 3 p. 100, à 2 p. 100, à 1 p. 100, voire même de prêter gratuitement? (1)

Mais pour fonder une caisse rurale il faut de l'argent, où en prendre?

Pour fonder une caisse rurale, non, il n'y a pas besoin d'argent, elle se fonde sans capital. Mais pour fonctionner, évidemment elle en aura besoin... et elle ne sera point gênée pour s'en procurer.

Nous avons vu plus haut que les sociétaires se portaient garants des dettes de la caisse. Supposons qu'elle se compose de dix à vingt membres, choisis parmi les plus honnêtes laboureurs d'une commune et auxquels se sont adjoints un certain nombre de propriétaires de bonne volonté. Leur solidarité constitue pour le prêteur une précieuse garantie qu'il chercherait souvent en vain ailleurs. Aussi les capitaux abondent-ils d'ordinaire dans les caisses rurales. Nous en avons vu pour notre part plusieurs fonctionner : toujours elles ont reçu des offres d'argent supérieures à leurs besoins. Des domestiques, des laboureurs, de modestes rentiers, entendant parler de ces caisses accouraient, et tout bas à

---

(1) Nous pourrions citer des localités où le taux de l'intérêt a baissé de 0 fr. 50 et même de 1 p. 100 après la constitution d'une caisse rurale.

l'oreille : « Monsieur, vous faut-il de l'argent ? — Pour aujourd'hui, non, mais sous peu, je vous promets de l'accepter. » Et en effet, de cette manière, nous savions dans quelles bourses se trouvait l'argent, et au fur et à mesure que les sociétaires nous adressaient leurs demandes de prêt, nous y allions puiser. Nous avions ainsi la satisfaction de remplir un double devoir social, en offrant le crédit à ceux qui y avaient droit, et en faisant fonctionner l'épargne locale dans le pays même qui lui avait donné naissance. Et ce ne sera pas là un des moindres services que les caisses rurales sont appelées à rendre : soustraire une masse de capitaux aux caisses d'épargnes gouvernementales, aux sociétés financières, à la spéculation, pour les confier de préférence à l'agriculture et à la petite industrie.

En résumé, c'est donc une chose bien simple que le fonctionnement d'une caisse rurale. Il suffit pour s'en convaincre, de l'étudier. Quand celui de nos amis, avec qui nous avons fait nos premières armes commença son action sociale par l'établissement d'une caisse rurale, il n'était alors qu'un « petit vicaire, frais émoulu du séminaire », comme aurait dit feu M. Claudio Janet. Son curé, un vieux, quoique atteignant à peine la cinquantième année, plongé qu'il était depuis dix ans dans la fabrication d'un cathéchisme expliqué dont la 6ᵉ leçon a déjà vu le jour, son curé, dis-je, lui laissa entendre, oh ! respectueusement, qu'il était fol, un tantinet. Malgré ces encouragements à rebours, il n'en continua pas moins son entreprise mûrement réfléchie, et contribua à mettre sur pied une vingtaine de ces sociétés de crédit agricole dont plusieurs ont fait, au cours de leur première année de vie, jusqu'à 10 000 fr. d'affaires... ce qui m'amène à dire — et c'est pour moi une satisfaction — que les curés, malgré leurs têtes chauves et leur « vieille expérience », n'ont pas toujours raison.

Voilà trois ans que les caisses rurales sont connues en France. Et déjà, leur *Bulletin mensuel*, seulement dans son dernier numéro, enregistrait la six centième adhérente à l'*Union centrale*, dont le siège est à Lyon, 97, rue de Saxe (1). Dieu seul sait les mille entraves qui ont environné leurs débuts : la Société de propagation du crédit populaire, dont quelques catholiques et un religieux s'imaginent être les « manitous », alors qu'ils sont de simples instruments entre les mains de francs-maçons comme Lourties et

(1) A la fin de décembre 1897, à la suite d'une décision émanant du conseil d'État et condamnant à la patente la caisse de Sermérien (Isère), un certain nombre de caisses se sont dissoutes... pour renaître bientôt, espérons-le.

de juifs, a fait rude guerre aux caisses Raiffei-sein-Durand. A leur tour, les agriculteurs de France les ont longtemps boudées, égarés qu'ils étaient par les grands mots et les grandes œuvres, peut-être aussi, suggestionnés par la loi du 5 novembre 1894 dont les résultats seront nuls. Cette attitude dédaigneuse, on doit la regretter sincèrement ; elle a écarté des dévouements et des sympathies qui eussent favorisé plus encore le développement des caisses rurales.

Malgré ces difficultés, l'œuvre n'en a pas moins vécu et donné des résultats appréciables. On en peut juger par les résultats de cette seconde statistique publiée au début de l'année 1897 par les soins de l'Union des caisses rurales. Trois cent dix-sept caisses, comprenant ensemble huit mille six cent quarante-huit membres, lui ont envoyé leurs comptes. Il en résulte qu'au cours de l'exercice 1896 les caisses, dont les plus âgées ont à peine trois ans de vie, ont consenti deux mille cinq cent un prêts.

Le montant des recettes s'est élevé à.....	1 176 647 fr. 78
— des paiements s'est élevé à...	1 146 303 fr. 07
Total du mouvement de caisse............	2 322 950 fr. 85
Pertes...............................	405 fr. 35 (1)
Bénéfices en réserve...................	7 413 fr. 27

(1) Il faut défalquer de ce chiffre 237,35 représentés par un trieur acheté par une caisse, et 88,80 provenant d'un procès en cours contre l'administration des contributions directes.

Ces chiffres ont leur éloquence. Pas n'est besoin d'insister.

Ce remarquable résultat, on le doit en très grande partie, à M. Louis Durand, avocat à la Cour d'appel de Lyon. Il a été le pionnier véritable du crédit agricole en France. Son opiniâtreté, et surtout son dévouement, si admirablement servi par une science juridique que l'on n'a pas réussi à surprendre en défaut une seule fois, ont triomphé de tous les obstacles. M. Durand est un catholique de fière et belle venue ; des catholiques de cette trempe, que l'on nous en donne quelques dizaines, et l'on verra bien si elle ne reculera pas, la « rosserie contemporaine ». (1)

(1) Au moment même où nous écrivons ces lignes se réunit à Tarbes le premier congrès des caisses rurales sous la présidence de M. Durand. M. l'abbé Fontan et ses confrères les Missionnaires du travail en ont été les principaux organisateurs. La Russie, la Belgique, l'Allemagne, la Hongrie, l'Italie, l'Espagne ont envoyé à Tarbes leurs plus illustres fondateurs de caisses rurales. Plus de 1200 personnes ont suivi les travaux du Congrès.

CHAPITRE II

SYNDICATS AGRICOLES

Le magnifique développement que l'idée syndicale a pris depuis la loi de 1884 est le plus certain présage du relèvement de notre agriculture. Le nombre des syndicats agricoles dépasse aujourd'hui 2 000 dont 1 500 en pleine activité. A elle seule l'*Union centrale* de Paris compte 500 000 propriétaires, exploitants et non-exploitants, fermiers et métayers, inscrits sur le registre des syndicats qui la composent. Ce n'est pas là le vrai chiffre des syndicats ruraux; pour l'avoir il faudrait le doubler au moins.

Un certain nombre de ces associations ont créé à côté d'elles des institutions qui méritent attention, commissions d'arbitrages et de contentieux (1), caisses de crédit mutuel et d'assurances contre la mortalité du bétail, etc. Ces institutions se sont principalement développées

---

(1) Le syndicat de Belleville-sur-Saône a donné en huit mois cent soixante et onze consultations juridiques.

parmi les grandes et prospères Unions du sud-est et de l'ouest.

Presque tous les syndicats ont essayé de la coopération de vente sous sa forme la plus simple en s'adressant directement aux consommateurs pour la vente de leurs produits ; les viticulteurs ont vite compris l'importance de cette manière d'agir pour leur commerce spécial de vins. Mais, en dehors des régions vinicoles, nous ne connaissons guère que les syndicats agricoles de la Charente-Inférieure à avoir mis sur pied une véritable coopérative de vente (1).

Le syndicat d'Anjou a organisé le warrantage, au profit de ses membres ayant besoin d'argent et désireux de différer quand même la vente de leurs produits.

« Une commission, composée du bureau de la section syndicale et de trois à quatre cultivateurs, est nommée dans chaque section. Tous les membres du syndicat désireux de warranter s'adressent à elle, donnent un échantillon de leur grain et en indiquent la quantité mesurée sur l'aire. Au besoin la commission fait vérifier la qualité du grain et le conditionnement du

---

(1) Voir *Syndicats agricoles et socialisme agraire*, par le comte de Rocquigny, p. 168 et suiv.

grenier et transmet la demande d'argent avec son avis au syndicat. »

Pour pouvoir warranter à domicile, il faut en faire la demande, en indiquant le nom de son propriétaire, la quantité de marchandise mise au grenier et la somme que l'on désire recevoir en avance, enfin signer les statuts de la participation (1).

Le plus grand nombre des syndicats agricoles sont restés en arrière et se sont bornés à servir d'intermédiaires entre le marchand et le client dans l'achat des engrais.

Trop souvent les états-majors ont manqué à la fois et de connaissance pratique et d'un dévouement constant au service de cette noble cause du groupement professionnel ; ils se sont tenus trop à l'écart pour inspirer confiance à ces paysans de nature ombrageuse qu'ils aspirent à servir, et peut-être aussi beaucoup de ces hommes de bien qui ont pris la direction de cette campagne ont-ils eu le tort de voir en dernier ressort dans le syndicat une machine à politique conservatrice.

Ces réserves faites, il est de notre devoir de rendre ici un juste hommage à la mémoire de

---

(1) *Démocratie rurale.*

ces gentilshommes qui ont propagé dans nos populations l'idée syndicale : ils ont été les pionniers d'une grande œuvre, et nous désirerions vivement voir tous nos amis marcher sur leurs traces.

La circonscription syndicale n'est pas uniforme. Elle varie suivant les régions et aussi suivant la manière de voir des fondateurs. Tantôt, c'est le département ; nous connaissons même des syndicats qui étendent leurs opérations à des départements voisins ; tantôt le canton, quelquefois la commune. Chacune de ces circonscriptions présente des avantages et des inconvénients. Le syndicat départemental a l'avantage de mettre en mouvement des forces considérables soit qu'il s'agisse d'achats, de ventes ou de manifestations utiles aux intérêts de l'agriculture, et si les charges y sont parfois très lourdes, aussi bien les dévouements s'y rencontrent-ils plus nombreux.

Les opérations commerciales du syndicat communal sont plus simples ; elles sont également aussi avantageuses que celles du syndicat départemental, attendu qu'en s'affiliant à une *Union régionale* les syndiqués bénéficieront des mêmes conditions que font les fournisseurs de cette union aux membres de tous les syndicats affiliés. Il y a à craindre seulement de ne pas rencontrer dans une circonscription aussi étroite des hommes qui aient assez de loisir et de bonne volonté pour diriger toutes les transactions à passer entre le syndicat et ses membres. Cette difficulté ne se rencontrera que rarement. Et les partisans de la circonscription communale ne manquent pas d'ajouter qu'au point de vue chrétien social cet inconvénient serait largement compensé par de sérieux avantages. Nous ne parlons pas seulement de cette union morale, conséquence de l'union professionnelle, union morale qui ne peut donner tous ses bons effets ailleurs que dans la commune, mais nous entendons devoir envisager la question à un point de vue supérieur. A notre époque de transition, alors surtout que des doctrines matérialistes, partout prônées, ont partout déprimé les âmes et les volontés, il importe souverainement que l'idée de solidarité cherche son point d'appui en l'idée religieuse. L'égoïsme, fruit de l'individualisme, contre lequel luttent si généreusement les apôtres du mouvement syndical, ne sera refoulé que par le triomphe de la morale chrétienne, et, puisque la lutte est entre ces deux idées qui sont deux programmes, la solidarité et le chacun pour soi, si nous voulons que la solidarité l'emporte, n'hésitons pas à demander les secrets de ce triomphe à ceux qui ont mission pour cela. A la campagne, la paroisse est l'âme de la religion comme le curé en est l'apologie vivante. « Ce n'est pas seulement l'âme qu'il faut retirer de l'erreur ou du mal, c'est l'être tout entier, et partout où le mal et l'erreur peuvent avoir leur action, le christianisme peut aussi, doit aussi avoir la sienne. » (1) Le prêtre a mission d'exercer autour de lui son ministère de charité envers *tout l'homme* ; ainsi, ses efforts en vue des âmes seront plus sûrement couronnés de succès, et il aura, en outre, apporté sa pierre à la construction de l'édifice chrétien à base corporative qui se continue.

Pour tous ces motifs, le syndicat communal, mieux dénommé *syndicat paroissial*, mérite à bien des titres un brevet de supériorité. Mais à nos yeux, il ne serait complet qu'autant qu'il serait relié pour faciliter ses diverses opérations économiques à une série de groupements superposés, d'abord à une union cantonale ou départementale, suivant les cas, celles-ci à une union régionale, et ces unions à une union centrale. Ainsi

---

(1) *Vers l'avenir*, par M. l'abbé Naudet.

seraient sauvegardés à la fois les intérêts économiques, sociaux, et religieux de la profession, et l'idée syndicale s'épanouirait enfin en ces multiples fruits qu'elle permet d'espérer pour l'avenir.

Les formalités à remplir pour la fondation d'un syndicat sont des plus simples. La rédaction des statuts est laissée à la libre initiative des intéressés : pour participer à l'administration d'un syndicat il faut être Français et jouir de ses droits civils. Le président représente la société, et ses attributions doivent être définies avec soin. Il est utile de prévoir le mode de réélection du président et des autres membres du conseil, la durée de leur pouvoir, les jours de réunion, et d'indiquer le siège social.

Les statuts peuvent être transcrits sur papier libre. Le président et le secrétaire les signent. Et pour que le syndicat soit légalement constitué, il suffit d'en faire le dépôt en double exemplaire à la mairie et d'y joindre les noms de toutes les personnes qui prennent part à l'administration. Le maire en donne immédiatement récépissé sur papier libre. Il n'est pas nécessaire de faire connaître la liste des syndiqués. Ce sont les seules formalités requises par la loi de 1884.

CHAPITRE III

SYNDICATS MIXTES ET SYNDICATS PARALLÈLES

Les syndicats se divisent quant à leur nature en plusieurs espèces : il y a le *syndicat mixte*, qui confond tous les éléments de la profession, propriétaires, fermiers et ouvriers agricoles ; le *syndicat séparé*, qui ne comprend que l'un de ces trois éléments professionnels, ou le propriétaire, ou le fermier, ou le domestique ; enfin les *syndicats parallèles* de propriétaires et de fermiers, de fermiers et de domestiques, réunis par un *conseil mixte*.

Les 2000 syndicats agricoles existants rentrent dans la première catégorie. Dans une certaine école, on semble tenir, plus que de raison, à cette forme syndicale mixte, regardée, à tort, comme la seule qui soit apte à favoriser la paix sociale et le progrès économique. Nous ne nions pas que le rapprochement des divers éléments professionnels opéré par le syndicat mixte ne soit propre à produire une détente heureuse dans les rapports des détenteurs du sol et de ceux qui l'exploitent ; nous ne nions pas non plus l'influence du patronage pour le bon fonctionnement de l'œuvre syndicale, au moins à sa période de début. Mais — et c'est le mauvais côté — nous craignons que le syndicat mixte n'ait pas la souplesse désirable pour empêcher le socialisme de profiter de l'évolution en train de s'accomplir. Le fermier n'a pas son franc parler en face de son « maître », il craint de le mécontenter, de paraître exigeant et d'avoir à en pâtir ; le propriétaire est bien mieux armé que son locataire pour défendre ses intérêts ; il a, au moins d'ordinaire, plus de facilité à s'exprimer, ce qui est quelque chose pour défendre ses droits ; il jouit d'un certain prestige qui s'attache à son privilège ; surtout, il est généralement le plus fort ; d'où il résulte qu'il pourra imposer ses volontés. Dans ces conditions, le syndicat mixte inspirera de la défiance, et le paysan, quand il aura connu la force de l'idée syndicale, sera tenté de le regarder comme une machine de guerre plutôt que comme un instrument qui lui soit favorable ; alors, ou il y entrera avec une certaine répulsion, ou de préférence il ira au syndicat *séparé*, forme préférée des meneurs socialistes qui y voient — et cela justement — une puissante arme de guerre de classes.

Il faut distinguer à la campagne quatre catégories d'hommes vivant des fruits de la terre :

1° Les propriétaires, qui confient à un fermier ou à un métayer l'exploitation de leurs domaines ;

2° Les propriétaires faisant valoir eux-mêmes ;

3° Les fermiers et métayers ;

4° Les journaliers agricoles en service chez les hommes des trois premières catégories.

Chacune de ces catégories agricoles a ses intérêts propres, et bien que, d'une certaine manière, la prospérité de chacun dépende de la prospérité des autres, il n'en est pas moins vrai que, dans les relations des uns vis-à-vis des autres, leurs intérêts réciproques entrent souvent en conflit; par suite, ici de même qu'à l'atelier, la force est exposée à primer le droit. C'est la loi de l'offre et de la demande qui régit les conventions du propriétaire avec son fermier, et du fermier avec son domestique, ce n'est plus la justice qui préside à la fixation du prix du fermage du fermier, ou des gages du domestique (1).

Ceci étant, la question se pose naturellement de savoir si les syndicats agricoles ne sont pas appelés à intervenir dans ce grave problème, et

(1) Voir ce que nous disons de la liberté des conventions en agriculture, p. 209 et suiv.

s'il ne faut pas attendre de cette intervention sa solution. Pour nous qui appelons de tous nos vœux le régime corporatif, entrevoyant déjà dans le magnifique développement actuel de l'idée syndicale comme l'aurore d'un régime chrétien, nous n'hésitons pas sur le sens à donner à notre réponse.

On a dit, de la loi de 1884 sur les syndicats professionnels, que le législateur n'en avait pas aperçu tous les bienfaisants résultats et que nous ne serions pas assurés de la voir votée aujourd'hui par les Chambres si une législature mieux inspirée ne nous en avait déjà dotés. C'est possible. Mais on peut se demander, avec non moins de raison, si un certain nombre de conservateurs auraient propagé avec autant de générosité et d'ardeur les syndicats agricoles s'ils avaient prévu tout ce qui pouvait en sortir.

Jusqu'ici, les syndicats agricoles se sont bornés à un rôle économique : ils ont acheté et vendu pour leurs membres ; ils ont été des éléments de paix sociale, de charité mutuelle, et ceci est très beau et mérite d'être hautement loué. Mais ce rôle économique, est-ce donc le seul que les syndicats aient à remplir ? Non ; pour que le syndicat agricole *demeure* un instrument de paix, il lui faut faire un pas en avant et se poser en défenseur de la justice entre les différents membres qui le composent.

Nous laissons de côté, dans cette question du rôle social des syndicats, le propriétaire faisant valoir, puisque celui-ci est son maître et qu'il possède son instrument de travail. Il n'attendra du syndicat agricole que des services économiques et la protection de la propriété qu'il possède.

Mais nous pensons qu'entre le propriétaire et son fermier ou métayer, — qu'entre le fermier ou le métayer et ses domestiques, le syndicat agricole devra intervenir comme arbitre de la justice, comme conciliateur des intérêts communs qui entrent en jeu dans une foule de circonstances. — A notre avis, le problème se pose ainsi :

Est-il vrai que la fixation du contrat de fermage est soumise à la loi anarchique de l'offre et de la demande?

Est-il vrai que le fermier, n'ayant pas la liberté d'accepter ou de ne pas accepter la ferme qu'on lui propose, sera souvent forcé de se soumettre aux conditions qui lui seront faites, pour éviter un mal plus grand, celui de rester sans terre à exploiter, avec tout un matériel de ferme devenu de ce fait improductif, qui se détériorera vite et dont il sera obligé de se défaire à n'importe quel prix ? Sans doute, nous n'ignorons pas que sur certains points de la France les propriétaires ne trouvent plus preneurs pour leurs terres. Mais ce sont là les *conséquences* de ce mal agraire dont nous signalons la cause principale, et en tout cas ce phénomène est-il loin d'être général.

Dans la plupart de nos provinces, c'est le fermier qui court après la ferme et non le propriétaire qui court après le metteur en œuvre.

Dans notre Bretagne, nous avons vu des faits se produire comme celui-ci : plus de 20 fermiers demander la même ferme. Bien entendu, elle allait à celui qui proposait le fermage le plus élevé. La justice ici n'avait que faire : le hasard en tenait lieu.

Dans ces conditions, nous osons dire que les syndicats agricoles doivent avoir pour mission de rétablir l'ordre, et de préparer l'avènement de ce régime de justice sous lequel nous verrons la terre se louer à un prix tel qu'il permettra — étant données par ailleurs des conditions économiques favorables et le fisc ayant diminué ses exigences — à une famille sobre et honnête de vivre, de s'élever et d'arriver à une certaine propriété.

Pour arriver à cette fin, nous pensons que les

syndicats agricoles mixtes dépenseraient un temps illimité, à supposer même qu'ils y arrivent un jour. L'expérience tentée dans les milieux industriels n'en est-elle pas la preuve? Qu'est-ce alors que nous demandons, nous, démocrates chrétiens? Nous demandons les syndicats *parallèles* réunis par un *conseil mixte*, et cela pour les trois catégories que nous avons mentionnées.

1. — Syndicats parallèles de propriétaires et de fermiers ou métayers.

2. — Syndicats parallèles de fermiers ou métayers — et de domestiques.

Chacun de ces syndicats pourra ainsi défendre les intérêts de ses membres, notamment dans tout ce qui regarde la fixation du contrat de travail, le prix du fermage et du métayage, la livraison de certains sous-produits de la ferme et le nombre de certaines corvées exigées des fermiers, etc., d'autre part, la question des gages du valet, les heures de travail, etc.

Mais surtout, il appartiendra à ces conseils mixtes de débattre le maximum de location par hectare et par région qui ne pourrait être dépassé dans un contrat de fermage, ce qui aurait le double avantage d'empêcher les laboureurs eux-mêmes de se nuire réciproquement en organisant comme ils le font la chasse à la ferme, et ce qui serait également un obstacle aux appétits inqualifiables de certains propriétaires portés à ne voir dans leur terre qu'un instrument de rapport, d'autant plus apprécié que la rente en est plus élevée.

Nous demandons qu'on étudie ces idées si on les croit justes, et, pour si hardies qu'elles soient, il ne semblera pas à ces hommes qu'anime un souffle de vraie charité pour les ouvriers de la terre qu'elles doivent être rejetées sans un examen approfondi. Pour qu'elles entrent dans la pratique, bien des obstacles devront être éloignés; la propagande ne se fera pas toute seule, mais ce sera précisément le grand honneur de cette forte race de gentilshommes terriens à qui nous devons déjà en partie l'organisation syndicale agricole, de travailler à leur réalisation. Ainsi sera résolue cette question agricole, économique et sociale, si grosse en conséquences pour l'avenir de notre pays et, j'ose le dire, pour l'avenir de la religion catholique. Et c'est par là que rentrera la joie dans notre pays, si nous ne laissons pas le temps aux meneurs socialistes de propager dans un but de révolte cette idée de justice que nous aimerions à voir triompher, dans l'espérance de fixer sur terre le règne de la fraternité.

En fin de compte, le but que se sont proposé d'atteindre les promoteurs de l'idée syndicale, n'est-ce pas la réorganisation de l'association professionnelle ? Or, cette réorganisation nous paraît très difficilement réalisable par le moyen du syndicat mixte ; on en a essayé dans l'industrie, et l'essai a fait faillite. Pourquoi ? Parce que cette forme syndicale *confond* les éléments divers dont se compose la profession, bien plutôt qu'elle les *réunit* (1), et de même que l'on a vu les ouvriers industriels fuir le syndicat mixte pour se rejeter dans le syndicat séparé, craignons d'assister à une pareille retraite des ouvriers agricoles, le jour où le socialisme aura monté, en face du syndicat mixte, son syndicat, « arme de guerre », comme l'appelait M. Jaurès.

Contre cette thèse, on objecte que l'agriculture — suivant la forme consacrée — manquant de bras, c'est plutôt le fermier ou le métayer qui impose ses conditions au propriétaire, et le valet qui impose les siennes à celui qui l'emploie, et qu'alors pas n'est besoin de présenter un instrument de défense aux fermiers contre leurs propriétaires, aux valets contre leurs employeurs,

---

(1) Dans l'association agricole ces éléments professionnels sont au nombre de trois : en bas le valet, au milieu le fermier ou le métayer, en haut le propriétaire.

puisque les plus éprouvés par la crise actuelle ce sont précisément les propriétaires qui, ne trouvant plus preneurs pour leurs terres, sont forcés de les louer à un taux inférieur, — et les fermiers qui, ne trouvant plus de valets, paient fort cher ceux qu'ils ont la chance de rencontrer.

Notons d'abord que ce phénomène se remarque dans *certaines parties de la France seulement*, tandis que *dans les autres, c'est le phénomène contraire qui se produit.*

De plus, qu'est-ce que vaut cette objection contre l'existence du syndicat parallèle ? A notre avis, loin d'infirmer notre thèse, elle l'étaie.

Le mal que dénote l'objection présente, n'est-il pas une conséquence de cette désorganisation professionnelle, fruit empoisonné de l'arbre révolutionnaire, de cette lutte pour la vie ou liberté sans frein, base fondamentale de notre régime agraire ? Voyez, en effet, à quelles pratiques antisociales ont été conduits par la recherche de gains surabondants, quelquefois même par vanité, certains riches propriétaires dans ces contrées où l'on nous dit que l'agriculture manque de bras (1). Sans souci de l'homme,

---

(1) Ces propriétaires comprennent mal leur devoir social, qui, au lieu de faire valoir leurs domaines — ils le pourraient souvent, — se hâtent vers la ville, entraînent après eux un nombre ridicule de domestiques, et y consomment leurs re-

ils ont aboli toutes les petites et moyennes ex-exploitations rurales, dont chacune faisait vivre une famille, tout en les *faisant vivre* eux-mêmes, et les ont fondues en une seule, souvent immense. Le malheur des petits a été la cause de la diminution des revenus du riche. Aux beaux jours de l'agriculture, le propriétaire mettait la main sans peine sur des *entrepreneurs de culture* assez riches pour exploiter ces domaines considérables. Puis, est survenue la crise dont nous souffrons, les capitaux ont pris frayeur et sont devenus moins communs ; peu de laboureurs ont été alors à même d'exploiter des fermes aussi importantes. La loi chaotique de l'offre et de la demande, après avoir servi, un temps, les intérêts du propriétaire, prenait sa revanche, mais cette fois à son détriment.

Ces mêmes fautes sociales du propriétaire, qui avaient causé la disparition de tant de familles rurales, en raréfiant le fermier, devait aussi, par la force des choses, raréfier le valet. C'est ce qui est arrivé.

Si donc l'agriculture manque de bras en certaines contrées, la faute en est imputable à ce mal agraire dont nous dénonçons les vices ; il

venus dans un luxe dont beaucoup d'ouvriers périssent — quoi qu'en dise encore l'économie libérale.

serait injuste d'en faire porter la peine au syndicat parallèle..... qui n'était pas né.

Bien plus, s'il est vrai que l'un des éléments de la profession ne viole jamais impunément la loi de solidarité humaine ; si le maintien de l'équilibre économique est par suite directement intéressé à ce que propriétaire, fermier, valet, puissent défendre chacun ses droits — ces droits étant ordinairement *distincts* et, en dernière analyse, n'étant jamais *opposés* —; si enfin ce mal agraire sort d'un corps professionnel désorganisé, pas d'hésitation possible : nous devons favoriser le syndicat parallèle entendu dans le sens que nous avons indiqué plus haut. Chaque catégorie sociale y défendra librement ses droits, et dans cette *coordination* des éléments de la profession, l'association professionnelle — espoir de l'avenir — reprendra vie sur les cendres éteintes de l'individualisme.

Le deuxième congrès de la démocratie chrétienne, qui a tenu ses importantes assises à Lyon en décembre 1897, s'est montré favorable à notre thèse. Après une longue et brillante discussion à laquelle prirent successivement part M. Coulazou, directeur de la *Sociologie catholique* de Montpellier, M. Desgrées du Lôu, directeur de l'*Echo de l'Ouest*, M. Richard, professeur aux Fa-

cultés catholiques de Lyon, M. le chanoine Dehon
et M. Harmel, le « bon père », le vœu suivant fut
voté à la presque unanimité des membres présents.

« Considérant que les divers groupes agricoles, propriétaires, fermiers et ouvriers manuels, ont à la fois des intérêts distincts et des intérêts communs, le Congrès, tout en encourageant les syndicats mixtes réels partout où ils sont profitables, est d'avis que l'organisation professionnelle agricole, pour devenir *complète* et *définitive*, demande des groupes distincts qui trouveront un terrain d'entente entre les intérêts et les classes dans des commissions mixtes, l'union étant le bien désiré par tous. »

M. Richard ayant proposé au Congrès de reconnaître que le syndicat mixte était le but auquel on devait tendre, le Congrès refusa nettement de lui donner satisfaction.

CHAPITRE IV

SYNDICATS D'INDUSTRIE AGRICOLE

L'application la plus ingénieuse qui ait été faite de la loi de 1884 est, sans contredit, le *syndicat d'industrie agricole*. Ce type a été imaginé par les *missionnaires du travail* des Hautes-Pyrénées, dans le but de mettre à la portée de tous, *sans débours* et *sans patente*, les machines perfectionnées en usage dans les grandes exploitations. Ce type syndical est un progrès marquant; il mérite d'arrêter notre attention.

C'est ici la caisse rurale locale (Raiffeisein-Durand), préalablement établie, qui pourtant joue le premier rôle.

Des laboureurs unis en syndicat lui empruntent, sous leur *garantie solidaire*, l'argent dont ils ont besoin pour acheter, ici, une batteuse à vapeur, là, une défonceuse à manège, ailleurs, un trieur. Ils ne déboursent rien, ils se contentent de se porter garants les uns des autres devant la caisse rurale, et de payer un prix de location convenu de la machine (1).

Comment donnent-ils cette garantie? En signant la formule suivante sur papier timbré de 0 fr. 60 ou de 1 fr. 20 :

Les soussignés, membres du Syndicat d'industrie agricole de   garantissent solidairement les emprunts contractés par ce Syndicat à la Caisse rurale de   à concurrence de la somme maximum de

(Il est inutile de mettre une date.)

Chaque syndiqué, en commençant par les trois administrateurs, signe la déclaration précédente en faisant précéder sa signature des mots suivants : *Bon pour caution solidaire de   fr.*

Le *syndicat d'industrie agricole* communal et la caisse rurale communale forment deux sociétés distinctes devant la loi, mais qui peuvent se composer (et, dans la pratique, il en est ainsi) des mêmes membres, soit comme sociétaires, soit comme administrateurs.

II. *Lorsque les mêmes individus constituent le conseil d'administration du Syndicat d'industrie agricole, et en même temps le conseil d'administration de la Caisse rurale de la commune (ce qui a lieu le plus souvent), peuvent-ils*

(1) Nous empruntons ces intéressants détails et ceux qui vont suivre à la brochure de M. l'abbé Fontan, missionnaire du Travail : *les Machines agricoles à la portée de tous*, 19, place Marcadieu, Tarbes.

alors emprunter ainsi à eux-mêmes les sommes nécessaires à l'achat des machines ?

Oui, pourvu que le conseil de surveillance de la caisse leur ait donné cette autorisation. Il suffit qu'il la leur donne une fois, d'une manière générale, pour tous les achats, mais en fixant le maximum du crédit à ouvrir au syndicat. Cette autorisation peut être formulée ainsi dans le cahier de délibérations de la caisse rurale :

Le Conseil de surveillance de la Caisse rurale de (nom de la commune) *autorise le Conseil d'administration du Syndicat d'industrie agricole de ladite commune, à emprunter à la Caisse rurale les sommes qui lui sont nécessaires pour l'achat des machines, dans les limites fixées par l'assemblée générale dudit Syndicat jusqu'à concurrence de la somme de*

Fait à   le

(*Signature des membres du Conseil de surveillance.*)

Vu l'importance d'une pareille œuvre qui, combinée avec la caisse rurale, constitue un progrès merveilleux pour l'avenir de nos chers paysans, nous croyons qu'il importe à nos lecteurs d'en connaître les statuts.

ORGANISATION DU SYNDICAT

Article premier. — Il est formé entre les soussignés et ceux qui adhéreront aux présents statuts une association professionnelle agricole ou syndicat qui sera régie par la loi du 21 mars 1884, et par les dispositions suivantes :

Art. 2. — L'Association prend le nom du Syndicat d'industrie agricole ; le siège est établi à   . Sa durée est illimitée ainsi que le nombre de ses membres. Elle commencera le jour du dépôt légal des Statuts.

BUT DU SYNDICAT

Art. 3. — Le Syndicat a pour but l'achat des machines agricoles pour l'usage exclusif de ses membres.

COMPOSITION DU SYNDICAT

Art. 4. — Peuvent seuls faire partie du Syndicat de la commune de   les personnes majeures jouissant de leurs droits civils, qui peuvent justifier de leur qualité de membres du *Syndicat agricole Pyrénéen*, dont le siège est à Tarbes, place Marcadieu, n°s 19 et 21 (1).

Art. 5. — Les nouveaux membres doivent être agréés par le Conseil d'administration et accepter toutes les obligations résultant des présents Statuts.

Art. 6. — On perd la qualité de syndiqué par décès, démission, exclusion et par la cessation des conditions requises pour être syndiqué. Le Conseil d'administration peut, pour des raisons graves, dont il est seul juge, prononcer l'exclusion d'un membre.

ACHAT ET LOCATION DES MACHINES

Art. 7. — Les capitaux nécessaires à l'achat des machines sont empruntés par le Syndicat à la Caisse rurale de   dont il doit être membre. Le Conseil

---

(1) C'est là une disposition spéciale aux syndicats d'industrie agricole des Hautes-Pyrénées.

d'administration est en conséquence autorisé à demander l'admission du Syndicat dans la Caisse rurale de ladite commune.

Art. 8. — Les syndiqués s'engagent à donner à la Caisse rurale leur cautionnement solidaire, garantissant le remboursement des sommes que le Syndicat emprunterait à la Caisse rurale dans les limites établies par l'assemblée générale.

Art. 9. — Chaque syndiqué qui louera les machines paiera au Syndicat une somme représentant les frais de location d'après un tarif qui sera établi chaque année par le Conseil d'administration.

Art. 10. — Les recettes brutes du Syndicat seront employées :

1° Au paiement de la prime d'assurance contre les incendies et les accidents, s'il y a lieu ;

2° Au paiement des réparations et frais d'entretien des machines ;

3° Au paiement des employés et ouvriers du Syndicat ;

4° Au paiement des intérêts des emprunts et à l'amortissement de ces emprunts.

Art. 11. — Le surplus des recettes quand les emprunts auront été amortis sera employé à constituer un fonds de réserve qui permettra au Syndicat d'augmenter le nombre de ses machines et de les remplacer lorsqu'elles seront hors d'usage. Ce fonds de réserve sera déposé dans la Caisse rurale au fur et à mesure qu'il sera réalisé.

Art. 12. — Les membres exclus ou démissionnaires ne peuvent intervenir d'aucune manière dans l'administration du Syndicat, faire apposer les scellés, ni procéder à aucune autre mesure de quelque nature qu'elle soit. Ils ont perdu tout droit sur le patrimoine du Syndicat et ils ne peuvent réclamer aucune part des réserves ou du matériel des machines appartenant à l'Association syndicale.

ADMINISTRATION DU SYNDICAT

Art. 13. — Le Syndicat est administré par un Conseil d'administration de   membres élus par l'assemblée générale pour neuf ans. Il est renouvelable par tiers tous les trois ans. Les membres sont toujours rééligibles et leurs fonctions sont entièrement gratuites.

. . . .

(Ici se place la liste des administrateurs du Syndicat.)

. . . .

Les administrateurs sont tous Français et jouissent de leurs droits civils.

Les administrateurs décédés ou démissionnaires sont remplacés par le Conseil d'administration lui-même.

Art. 14. — Le Conseil d'administration élit dans son sein un président, un secrétaire et un comptable. Tout acte engageant le Syndicat doit porter la signature du président et d'un autre membre du Conseil d'administration. Le Conseil d'administration peut nommer sous sa responsabilité un gérant même non syndiqué.

Art. 15. — Le Conseil d'administration a tous les pouvoirs qui ne sont pas réservés à l'assemblée générale par les Statuts : il peut emprunter pour le compte du Syndicat dans les limites fixées par l'assemblée générale. Il passe les contrats d'assurances, établit le règlement intérieur du Syndicat, nomme et révoque les employés, détermine leurs salaires, fixe le prix de location des machines, achète le matériel, surveille l'entretien et les réparations, détermine l'ordre dans lequel seront servis les syndiqués, reçoit leurs réclamations, peut transiger, allouer des indemnités, etc., etc.

Art. 16. — Le Conseil d'administration dresse le bilan et arrête les comptes du Syndicat au 31 décembre de chaque année. Bilan et comptes doivent être à la disposition de tout syndiqué au siège du Syndicat à dater du 1ᵉʳ février.

Art. 17. — L'assemblée générale ordinaire du Syndicat se tiendra le deuxième dimanche de février de chaque année. Elle examinera les comptes de l'année écoulée et fixera le maximum des emprunts que le Conseil d'administration sera autorisé à contracter pendant l'exercice suivant. L'assemblée générale est convoquée par un simple avis (*mettre ici la manière dont sera donné cet avis*) au moins huit jours avant la réunion.

Une assemblée générale extraordinaire peut être réunie toutes les fois que le Conseil d'administration le juge nécessaire.

Art. 18. — L'assemblée générale délibère valablement, quel que soit le nombre des membres présents, sauf le cas où elle a à délibérer sur une modification aux Statuts ou sa dissolution. Dans ce cas-là, elle ne peut délibérer qu'autant que la majorité de ses membres sont présents; sinon il y a lieu de convoquer une seconde assemblée générale qui délibère valablement, quel que soit le nombre de membres présents.

En aucun cas, l'assemblée générale ne pourra modifier les articles 19, 20 et 21 des présents Statuts.

DISSOLUTION DU SYNDICAT

Art. 19. — En cas de dissolution du Syndicat, le matériel est vendu et le prix en est versé, ainsi que le fonds de réserve, à la Caisse rurale de la commune de   , qui en formera une réserve spéciale dont les revenus seront acquis à ladite Caisse, et qui sera employée à la fondation d'un Syndicat analogue, dès que le besoin s'en fera sentir. En aucun cas ces fonds ne peuvent être répartis entre les syndiqués.

Art. 20. — En cas de dissolution de la Caisse rurale,

avant la reconstitution d'un nouveau Syndicat, l'assemblée générale qui prononcera la dissolution de la Caisse décidera valablement de l'attribution de cette réserve spéciale à une œuvre d'utilité générale, comme de sa réserve propre.

Art. 21. — Quelle que soit la majorité qui se prononce pour la dissolution du Syndicat, un groupe de syndiqués au nombre de quatre au moins aura toujours le droit de déclarer qu'il entend continuer le Syndicat à ses risques et périls. Dans ce cas, le fonds de réserve et le matériel seraient abandonnés à ce groupe qui continuerait le Syndicat conformément aux présents Statuts, les autres syndiqués ayant seulement le droit de donner leur démission conformément aux dispositions des présents Statuts.

Vu et certifié à   le

Le Président Syndic,   *Le Secrétaire,*

On peut juger d'après la teneur des statuts précédents, quelle est l'économie du syndicat d'industrie agricole.

« Au moment où nous écrivons ces lignes, nous dit M. l'abbé Fontan en terminant son intéressante brochure, après dix-huit mois de propagande, nous avons acheté, pour nos divers *syndicats d'industrie agricole*, cinq détonceuses à manège dont chacune vaut 2 000 francs, sept faucheuses, douze trieurs perfectionnés, etc..,

Les avantages économiques et sociaux qui résultent de là sont considérables, et les avantages moraux et religieux sont aussi très réels. Grâce à ces liens d'intérêts, à cette solidarité réciproque qui rapproche les uns des autres les paysans d'un même village, l'estime et l'affection tendent à remplacer peu à peu la jalousie et l'égoïsme, et l'on sent que, dans des cœurs fermés et froids, pénètre insensiblement un véritable sentiment de charité, de fraternité chrétienne. On nous dira peut-être que ces résultats ne sont pas encore bien palpables. Mais qu'on veuille se souvenir que nos œuvres sont nées d'hier, et que ce n'est pas en un jour qu'on peut arriver à corriger totalement les habitudes et les mœurs, et à reformer l'honnête homme dans le cœur de nos chrétiens dégénérés. »

M. l'abbé Fontan écrivait ces lignes en 1895. Depuis, nous le savons, les progrès de l'œuvre dont il est le promoteur se sont encore accrus, et il a trouvé de nombreux imitateurs.

CHAPITRE V

CAISSE DE SECOURS MUTUELS CONTRE LA MORTALITÉ DU BÉTAIL

Nous avons vu le rôle de première importance que la caisse rurale était appelée à remplir pour l'amélioration de l'existence des travailleurs des champs.

Exercera-t-elle une influence *locale* de même ordre? Nous ne le pensons pas. Elle est à bien des titres une amie, comme auxiliaire du laboureur dans les besoins de crédit que nécessitent ses affaires, comme moyen d'affranchissement pour la classe nombreuse de ceux qui ne possèdent rien en les mettant à même d'acquérir leur instrument de travail; mais en attendant que les mœurs villageoises en matière de crédit se soient modifiées, elle restera une amie timide, souvent ignorée, parce qu'on lui déniera le droit de se prévaloir tout haut de services qui ne sont bien acceptés que dans l'intimité.

La caisse d'assurances contre la mortalité du

bétail, dont nous voulons entretenir présentement le lecteur, est bien inférieure au point de vue social, mais parce qu'elle peut impunément être bavarde, prétentieuse, raconter à tout venant les avantages dont bénéficie par elle le cultivateur, le public lui réservera un plus sympathique accueil et elle vaudra à son fondateur de tenir plus vite « un premier rôle » dans sa commune.

Les assurances contre la mortalité du bétail ne manquent pas, mais comme il faut payer cher leurs services et aussi parce que notre paysan même a peu ou point de goût pour la prévoyance, elles sont généralement mal accueillies à la campagne. Du reste, ces sociétés sont des *affaires*, on y poursuit les gros dividendes à partager entre les actionnaires, tandis que les intérêts des assurés passent au vingtième plan. Pour nous qui voulons exercer la charité vis-à-vis de nos frères que visite l'infortune, nos efforts tendent à substituer à ces *affaires* des *œuvres* et à ces entreprises *capitalistes* l'action féconde de la *mutualité*.

L'une des premières caisses d'assurances contre la mortalité du bétail, établie sur cette base de la mutualité, fut, croyons-nous, la *Fraternelle* fondée en 1879 par M. Lansier pour le canton de la Mothe-Achard en Vendée.

Les opérations y sont très simples. A la fin

de chaque semestre, les associés se réunissent en assemblée générale ; le président établit le total des *pertes nettes* subies par les sinistrés d'après estimation prononcée par des experts du syndicat. Séance tenante, il recueille les cotisations dues par chacun des membres pour les bestiaux assurés, et immédiatement le total des cotisations est réparti entre les sinistrés. — En prévision d'une épizootie la responsabilité des associés est prudemment limitée. On a calculé que depuis la fondation de la *Fraternelle* les cotisations n'avaient pas dépassé 1 p. 100 du capital assuré.

L'avantage de cette forme d'assurance saute aux yeux : le sinistré est sûr de recueillir les quatre cinquièmes de la valeur de l'animal perdu. Son inconvénient n'est pas moins évident: dans un temps d'épizootie elle deviendrait une lourde charge pour ses associés. Il faut féliciter la *Fraternelle* d'avoir réussi aussi pleinement. Mais on peut se demander si le même type obtiendrait le même succès dans des régions moins faites à l'idée d'association et moins soigneuses des animaux de ferme.

Dans son numéro de septembre 1896, une revue amie, *la Démocratie chrétienne*, rendait compte du congrès ecclésiastique de Benoite-

Vaux au diocèse de Verdun. Un paragraphe attira plus spécialement notre attention, celui où il était question des caisses locales d'assurance contre la mortalité du bétail. Le mécanisme nous en parut si facile qu'aussitôt nous entrâmes en relations avec M. l'abbé Boyer, aumônier du pensionnat Saint-Joseph à Longuyon (Meurthe-et-Moselle) qui avait la bienveillance de se mettre à la disposition des lecteurs soucieux de plus amples renseignements.

Après l'expérience que nous avons faite dans une contrée où les paysans ne comprennent presque rien à l'idée d'association, nous avons pu constater que nous ne nous étions pas trompé en jugeant aussi favorablement la méthode qui nous avait été indiquée.

Pour en rendre compte nous ne saurions mieux faire que de publier ici les statuts légèrement modifiés, que M. l'abbé Boyer a eu l'obligeance de nous communiquer.

Article premier. — Les assurances partent du 1ᵉʳ janvier de chaque année ; si donc un cultivateur assure son bétail à une autre date, la cotisation qu'il verse ne le garantit que jusqu'au 1ᵉʳ janvier suivant.

Art. 2. — La caisse est divisée en quatre sections, suivant les espèces d'animaux assurés : espèce bovine, espèce chevaline, espèce porcine et espèce ovine.

Art. 3. — Tout syndiqué doit verser pour *chaque tête de*

bétail assurée une cotisation annuelle égale à 0 p. 100 de la valeur assurée pour l'espèce bovine; à 0 p. 100 pour l'espèce porcine; à 0 p. 100 pour l'espèce ovine. (Indiquer ici le taux qui a été accepté par les fondateurs.)

Les versements faits à la caisse sont constatés par des reçus à souche signés du trésorier du syndicat. Le reçu porte l'indication du versement afférent à chaque tête de bétail.

Art. 4. — Chaque année, dans le courant de décembre, le bureau par lui-même ou par deux délégués qu'il désignera pour chaque quartier procédera au recensement et à l'estimation du bétail des syndiqués; ils fixeront d'après cette estimation les cotisations à verser, et en même temps les recueilleront.

Si un syndiqué se rend dans le courant de l'année propriétaire d'une nouvelle tête de bétail qu'il désire assurer à la place d'une autre qu'il aura vendue ou échangée, l'assurance contractée pour cette dernière sera valable pour la nouvelle à condition de verser le supplément de cotisation correspondant à la différence de valeur des deux bêtes (s'il y a une différence) : si la différence de valeur est en moins, le syndiqué recevra à son profit la différence de cotisation. Enfin, les cotisations versées pour toute bête vendue et non remplacée sont restituées à l'intéressé (on peut stipuler aussi qu'elles resteront acquises à la caisse).

Art. 5. — En aucun cas le sinistré ne peut recevoir plus de 80 p. 100 de la *perte nette* (pour éviter les sinistres volontaires); mais la caisse ne s'engage pas à toujours fournir le maximum.

Art. 6. — Le montant de la perte nette est évalué de la manière suivante : en cas de perte de bétail par maladie, abatage légal ou accident, le sinistré avertit le bureau du syndicat qui, par lui-même, ou par deux délégués, en estime la valeur. On déduit de cette estimation : la valeur de la dépouille, de la viande si elle a pu être vendue, ainsi que les secours qui seraient obtenus de l'Etat, du département ou d'une compagnie d'assurances. Le chiffre de la *perte nette* ainsi obtenu ne sert pas à évaluer l'indemnité, mais seulement à calculer le *maximum* qu'elle ne doit pas dépasser, c'est-à-dire 80 p. 100 de la perte nette.

Toutes ces constatations sont inscrites sur un registre spécial et signées par l'intéressé et les experts.

En cas de désaccord entre un syndiqué et les experts pour les diverses estimations, les deux parties désignent un tiers expert, et, enfin, si c'est absolument nécessaire, on recourt au juge de paix.

Art. 7. — Avant de régler les sinistrés, le bureau prélève : 1° dans chaque section une somme de 5 p. 100 destinée à former un fonds de réserve pour les années calamiteuses ; 2° les frais généraux.

Art. 8. — A la fin de l'année, le bureau, par les soins du trésorier, règle ainsi les sinistrés :

Les cotisations versées sont totalisées séparément dans chaque section (bovine, chevaline, porcine, ovine) : les dons reçus, s'il y en a, sont répartis entre les sections, suivant les totaux des cotisations.

La somme d'argent qui reste dans chaque section, après les prélèvements énumérés à l'article 7, est répartie entre les sinistrés de la manière suivante, en se conformant à la prescription de l'article 5. Prenons, par exemple, la section bovine. Supposons que la somme disponible dans cette section (après les prélèvements dont il vient d'être question) soit de 150 francs, et qu'il y ait eu deux sinistrés ; ceux-ci seront indemnisés proportionnellement à leur chiffre de *perte nette*. Si la perte nette du premier a été calculée par les experts à 120 francs et celle du second à 240,

$$\text{Le premier recevra : } 150 \times \frac{120}{120 + 240} = 50 \text{ fr.}$$

$$\text{Le second recevra : } 150 \times \frac{240}{120 + 240} = 100 \text{ fr.}$$

Si, après les règlements d'indemnités ainsi opérés, il reste un *reliquat* dans telle ou telle section, ce *reliquat* est affecté à la masse de l'exercice suivant, dans la même section.

Art. 9. — Chaque année le syndicat, s'il le juge convenable, se réserve la faculté d'imposer aux nouveaux adhérents de l'année suivante une cotisation supplémentaire en plus de leur *cotisation normale*, ce supplément étant calculé dans chaque section d'après la quotité du reliquat de l'année précédente.

Art. 10. — Les fonctions de membres du bureau sont gratuites. Dans le cas où la caisse prendrait une trop grande extension, le trésorier pourrait recevoir une rémunération.

Art. 11. — Les sommes constituant la réserve et la masse annuelle sont placées au nom du syndicat dans la caisse rurale de la paroisse, ou à la caisse d'épargne, ou employées à acheter de bonnes valeurs mobilières.

Rien de plus simple que la fondation d'une caisse de secours mutuels contre la mortalité du bétail.

Si déjà il existe dans la paroisse un syndicat agricole, on la greffera sur le syndicat conformément aux dispositions des articles 6 et suivants de la loi du 21 mars 1884, d'après laquelle les membres d'un syndicat peuvent « constituer entre eux *sans autorisation*, mais en se conformant aux autres dispositions de la loi, des caisses spéciales de secours mutuels ». Cette caisse devra avoir sa comptabilité distincte de la comptabilité du syndicat et ses ressources particulières.

Si ce syndicat n'existe pas... on le fonde, et tout est dit.

Voici les cotisations indiquées par M. l'abbé Boyer : pour l'espèce bovine, 1,25 p. 100 ; pour l'espèce chevaline, 1,40 p. 100 ; espèce porcine, 3 p. 100 ; espèce ovine, 2,50 p. 100. Ces cotisations peuvent varier ; tout dépend de la mortalité ordinaire du bétail dans la contrée où la caisse de secours prend naissance (1).

Il importe en outre de mentionner les cas d'exclusion et d'admission des animaux. Les statuts que nous avons sous les yeux excluent du droit aux secours : 1° les animaux de race bovine âgés de moins de six mois et ceux de race chevaline âgés de moins d'un an ; 2° les animaux appartenant aux marchands de bestiaux non cultivateurs ; 3° les animaux qui sont l'objet d'un trafic fréquent, bien que n'appartenant pas à des patentés ; 4° les animaux pour lesquels la cotisation a été versée depuis moins de quinze jours ; 5° les animaux exclus par le bureau dans les cas d'étables défectueuses, de mauvais soins, etc. Les pertes de chevaux âgés de plus de cinq ans

(1) **La caisse de secours mutuels contre la mortalité du bétail que nous avons fondée dans notre commune ne comprend cette année que l'espèce bovine. Les cotisations sont fixées à 0,50 p. 100.**

ne donnent droit qu'à la moitié de l'indemnité normale. — Aucun secours n'est délivré pour les pertes causées par les guerres, émeutes, pillages, avalanches, inondations, mauvais traitements, excès de travail, manque de soins et de nourriture et autres sinistres imputables à des fautes graves de sociétaires ou de personnes à leur service.

Encore une fois, tous ces points sont susceptibles de modifications.

On a vu que la société ne rembourse jamais plus de 80 p. 100 de la perte nette de l'animal ; c'est une disposition très sage. Autrement, la caisse aurait à redouter les sinistres volontaires. Mais elle ne s'engage pas à verser dans tous les cas aux sociétaires cette somme de 80 p. 100. C'est le mauvais côté du système ; au début de la fondation, si les sinistres sont fréquents, la caisse n'étant pas riche, les indemnités pourraient bien n'être que de 50, 40, 30 ou seulement 20 p. 100, pour *une fois* en passant. Il est vrai que les adhérents n'ont pas engagé leur responsabilité, qu'ils ne doivent à la caisse rien de plus que la cotisation *fixe* indiquée aux statuts ; par contre, une épizootie peut réduire singulièrement l'indemnité précisément dans le cas où elle serait accueillie avec une plus grande satisfaction.

Avec le temps, quand ces caisses se seront multipliées dans une contrée, l'inconvénient que nous venons de signaler disparaîtra par la fédération de ces caisses locales en caisses régionales. La caisse régionale aurait pour but d'assurer aux sinistrés des caisses locales un minimum d'indemnité fixe, par exemple 50 p. 100 dans les cas où celles-ci ne pourraient assurer qu'un pourcentage inférieur à leurs membres par le fait de leur pauvreté ou du trop grand nombre des sinistrés. Elles serait administrée par les délégués des caisses locales et alimentée par les cotisations de chacune des mutualités adhérentes.

La fondation d'une caisse régionale n'offre aucune difficulté. Les membres des caisses locales pourraient former entre eux un syndicat agricole régional qui établirait ensuite cette caisse régionale; ou bien les caisses locales formeraient une union syndicale agricole, et cette union prendrait l'initiative de l'œuvre que nous recommandons.

CHAPITRE VI

CAISSES DE RETRAITES POUR LES OUVRIERS AGRICOLES (1)

L'organisation des caisses de retraites pour les ouvriers agricoles préoccupe justement tous les bons esprits. Et il faut que les espérances auxquelles elles donnent l'occasion de naître soient particulièrement alléchantes pour amener les candidats de tous les partis à s'en faire un instrument de popularité à l'approche des élections.

Qui connaît l'état d'âme du paysan et aussi son genre de vie n'a pas besoin qu'on lui confirme par de longues démonstrations la nécessité des caisses de retraites pour les ouvriers agricoles.

Le rêve que le paysan caresse pour son fils, n'ayant pu le réaliser pour lui, n'est-ce pas de lui obtenir, son congé terminé, une place quel-

(1) Nous entendons parler plutôt, dans ce chapitre, des valets et autres salariés agricoles. Mais, il y aurait également lieu de se préoccuper de faire participer à ces caisses les fermiers, les métayers et même les petits propriétaires.

conque dans les chemins de fer, dans les administrations ou dans les manufactures de l'État ? Il en fera un « monsieur », le métier de laboureur étant avili à ses propres yeux. Et puis, pensez-y donc, quelle vie facile que celle d'un facteur, d'un cantonnier, d'un douanier, d'un gendarme, comparée à la maigre existence d'un pauvre homme des champs ! Attractions de la ville, traitement assuré, finalement une retraite pour les vieux jours. Cette évocation de la pensée d'une retraite provoque comme une espèce de fascination sur l'esprit du paysan. Sans même songer qu'elle est faite d'une retenue sur le traitement concédé, il en considère seulement les résultats bénis, une vieillesse qui s'écoulera doucement sans la préoccupation amère des besoins du lendemain. Alors, par amour pour ce fils, et un peu pour lui-même — car, plus tard ce Benjamin de la fortune donnera bien un abri à son vieux père, — il assiège les électeurs influents de sa commune pour qu'ils intercèdent en sa faveur auprès des députés cotés, les députés ministériels qui dispensent gracieusement les faveurs.

D'où, en certaines contrées, émigration, dangereuse à plus d'un titre, des paysans à la grande ville.

Qui n'a pas remarqué aussi la pénible situation qui trop souvent est faite à l'ouvrier agricole dans sa vieillesse? Notre législation n'est déjà pas si tendre envers le chef de famille, et les productions de la presse immorale n'ont pas contribué peu à l'affaiblissement du respect dû aux cheveux blancs! A ces causes si dissolvantes par elles-mêmes s'en ajoute souvent une autre: la gêne, quelquefois la misère, qui s'installe au foyer domestique et dénonce à l'égoïsme latent de l'enfant ce vieux ou cette vieille comme une bouche nuisible dont l'appétit soustrait à la jeune couvée une part du strict nécessaire. Si les asiles ou les hôpitaux regorgent, alors naissent dans l'âme du fils et de la bru les désirs monstrueux. Aux désirs succèdent trop tôt les injures, les traitements grossiers, le crime quelquefois.

En serait-il ainsi, si ce « vieux » — ainsi qu'on l'appelle avec dédain — jouissait d'une petite rente viagère? Non, certes, car alors la famille trouverait son avantage à conserver au foyer domestique, le plus longtemps possible, les vieux parents, et ceux-ci y reconquerraient vite, sous la douce et pénétrante influence de la morale chrétienne, la première place, celle qui de droit leur revient.

On voit par ce simple préambule tout l'intérêt qui s'attache aux caisses de retraites pour les ouvriers agricoles. Mais avant d'en aborder le côté pratique, il est utile de rappeler très sommairement les principes qui dominent cette question des assurances.

Les démocrates chrétiens se déclarent partisans de l'*assurance obligatoire* pour les raisons suivantes : 1° le bon ordre à maintenir dans la société; 2° une diminution notable dans les charges de l'assistance publique ; 3° enfin, parce que c'est un devoir pour l'ouvrier de prendre tous les moyens à sa portée pour garantir l'existence de sa famille. Ce devoir n'étant pas niable, l'État a, par suite, le droit de veiller à ce que l'ouvrier le remplisse. « Par l'assurance obligatoire, le mauvais vouloir et l'insouciance disparaissent et la prime d'assurance devient une partie intégrante nécessaire du salaire. L'assurance universelle ne peut être obtenue qu'en vertu de l'assurance obligatoire (1). »

Ceci est à retenir : nous n'entendons pas dire par là que l'État doive décréter l'obligation de l'assurance et *s'en réserver du même coup le monopole*. Nous voulons que principalement tout

(1) *Association catholique*, 15 juillet 1893.

salarié soit contraint de s'assurer, mais que la *liberté lui soit laissée de s'adresser à l'assureur de son choix*.

Dernière question : au compte de qui doit être mise l'assurance ?

L'idéal serait que la prime d'assurance fût toujours *partie intégrante nécessaire du salaire* et qu'il en advînt des salariés de l'agriculture comme il en est des employés des grandes administrations, l'ouvrier versant son obole *dans la mesure où il le peut*, l'industrie agricole, ou mieux l'un et l'autre éléments professionnels qui lui sont superposés, complétant cette prime. Dans le cas, hélas trop fréquent, où le salaire de l'ouvrier, déjà réduit au minimum, ne se prêterait pas, sans que la justice en soit blessée, à une nouvelle compression, l'État, le département, ou la commune, eu égard aux obligations d'assistance contractées envers leurs membres besogneux, devraient y suppléer par une subvention prise sur les deniers publics.

Ces principes rappelés, abordons immédiatement le côté pratique de la question.

La loi du 21 mars 1884 sur les syndicats professionnels contient cette déclaration précieuse : « Les syndicats pourront, sans autorisation, mais *en se conformant aux autres dispositions de la loi*, constituer entre leurs membres des caisses spéciales de secours mutuels et de retraites » (art. 6, § 4).

Voici en quels termes excellents M. Le Marois, avocat au Conseil d'État, et à la Cour de cassation, interprète ce paragraphe dans un mémoire présenté en 1897 à la Société des agriculteurs de France et couronné par elle (1) :

« Les syndicats n'ont besoin d'aucune autorisation administrative pour constituer entre leurs membres des sociétés de secours mutuels avec caisses de retraites.

« Mais les sociétés doivent être distinctes du syndicat, posséder une individualité propre et avoir une administration particulière.

« Rien n'empêche les sociétaires de choisir, pour administrer ces sociétés, les administrateurs du syndicat, mais ce choix ne pourrait pas, croyons-nous, être imposé par les statuts.

« Elles doivent d'ailleurs suivre, pour leur constitution, les règles spéciales à la nature de la société qu'elles veulent fonder.

« On sait qu'il existe trois sortes de sociétés de secours mutuels :

---

(1) Cf. supplément de la *Croix* du 11 et 12 janvier 1898. On y trouvera des modèles de statuts pour sociétés libres et sociétés approuvées.

« Les sociétés libres ;

« Les sociétés approuvées ;

« Les sociétés déclarées d'utilité publique.

« Les sociétés libres syndicales sont dégagées de tout contrôle administratif pour leur constitution et leurs statuts ; mais leur situation est aujourd'hui notablement inférieure à celle des sociétés approuvées. Elles n'ont pas la personnalité civile et ne peuvent posséder de valeurs nominatives, ni recevoir des dons et legs. Elles ne participent pas aux avantages financiers accordés aux sociétés approuvées et aux subventions très importantes accordées par l'État pour les retraites. Elles ne sont pas, d'ailleurs, à l'abri de la dissolution par mesure administrative, si elles s'écartent du but de leur institution, et elles sont tenues de fournir chaque année des états de situation au préfet. » (Loi du 15 juillet 1850, art. 12 et 13, circulaire ministérielle du 6 novembre 1851.)

Pour servir des retraites à leurs membres ces sociétés libres devraient se constituer un fonds de réserve en titres au porteur, ou s'entremettre à la manière d'un intermédiaire charitable entre chacun de leurs membres et les sociétés d'assurances. — Ceci ne nous paraît pas pratique.

« Les sociétés approuvées, continue M. Le

Marois, jouissent d'avantages importants. Elles ont, partiellement du moins, la personnalité civile. Elles peuvent recevoir des legs mobiliers, et ester en justice, pour ce qui concerne leur administration.

« Elles peuvent avoir un compte courant productif d'un intérêt de 4 1/2 p. 100 à la Caisse des dépôts et consignations.

« Elles reçoivent des subventions pour leurs caisses de retraites qui sont ainsi calculées :

« 1° Le quart du versement annuel ;

« 2° Un franc par membre participant ;

« 3° Un franc par membre participant âgé de cinquante-cinq ans.

« Elles jouissent enfin des avantages stipulés par la loi du 20 juillet 1886, pour la constitution de leurs rentes viagères. (Intérêts de 3 1/2 p. 100, insaisissabilité jusqu'à 360 francs.)

« L'approbation des statuts qui leur est imposée comme condition de ces avantages, *n'est qu'une pure formalité, lorsque la société adopte des statuts en harmonie avec les statuts modèles proposés par le gouvernement.* Les sociétés *s'administrent librement sous la seule obligation de fournir le compte rendu annuel prescrit par la loi.*

« Les sociétés déclarées d'utilité publique par le Conseil d'État jouissent de la plénitude de la personnalité civile, et peuvent posséder des immeubles et en recevoir par donation ou testament.

« A part cette différence, elles ne présentent pas plus d'avantages que les sociétés approuvées. Aussi le nombre de ces sociétés est-il restreint.

« Le projet de loi sur les sociétés de secours mutuels, actuellement en discussion, tend à atténuer les différences qui existent entre ces trois classes sur beaucoup de points accessoires, et à étendre, autant que possible, à toutes les sociétés, les mêmes avantages. »

Les explications suivantes suffiront à renseigner le lecteur sur les formalités à suivre pour la fondation et l'administration de caisses de retraites (1).

Tout d'abord, dans une réunion préparatoire, on rédige les statuts et on en donne communication aux intéressés. Suit la demande d'approbation adressée au préfet. Cette approbation reçue, il est temps de faire la première réunion des sociétaires. On y recueille les cotisations qui sont aussitôt déposées à la Caisse des dépôts et

(1) Nous empruntons ces détails à une très intéressante brochure de M. le marquis de Laurens-Castelet, le remarquable président du syndicat agricole de Castelnaudary, dont la caisse de retraites a reçu le prix « Chambrun » au concours organisé par le Musée social.

consignations où le trésorier se fait ouvrir un compte courant.

Plus tard, vers le mois de novembre — nous verrons tout à l'heure pourquoi, — nouvelle réunion des associés. On y décide quelle somme il convient d'affecter au *fonds de retraites*, et à nouveau le trésorier se fait ouvrir au nom de la société un nouveau compte, le compte du *fonds de retraites*. C'est encore la Caisse des dépôts et consignations qui gère cet autre fonds, de sorte que pas n'est besoin d'opérer un déplacement d'argent : un simple jeu d'écriture y supplée.

Ici trouve sa place une explication importante. Nous avons dit, suivant le conseil qu'en donne M. le marquis de Laurens-Castelet, que la société se réunissait au mois de novembre et *fixait* dans cette réunion la somme prise au *fonds de dépôt* pour être reportée au *fonds de retraites*. Pourquoi le mois de novembre ? Parce que l'État basera ses subventions de l'année suivante sur cette somme *dont mention devra avoir été faite à la Caisse des dépôts et consignations au moyen de comptes régulièrement tenus, avant le 31 décembre de chaque année.*

Ces subventions sont très importantes, puisqu'elles se composent :

1° Du quart des versements faits par les sociétaires.

2° De 1 fr. (en plus) par membre.

3° De 1 fr. (toujours en plus) par membre âgé de cinquante-cinq ans et au-dessus.

Cette simple manœuvre se répète invariablement avec sa réunion de commencement d'année au cours de laquelle le trésorier recueille les cotisations à verser pour les placer au plus vite à la Caisse des dépôts et consignations pour qu'elles y soient productrices d'intérêts ; — et sa réunion de novembre où la société fixe le montant de la somme en dépôt destinée à aller grossir le fonds de retraites.

Mais vient le jour prévu par les statuts où l'heureux ouvrier aura enfin droit à sa pension. Que devra faire la société? Elle adressera, par l'intermédiaire du préfet à M. le ministre de l'intérieur, une demande accompagnée des pièces prouvant que le sociétaire en question a atteint la limite d'âge réglementaire, et tendant à la constitution d'une *rente viagère*, soit, par exemple, de 250 francs, majoration non comprise. Le prix de cette rente à *capital aliéné* est de 2 246 francs; il est prélevé sur le *fonds de retraites* de la société et payé à la *Caisse nationale des retraites pour la vieillesse*, qui servira dès lors la pension à laquelle l'ouvrier agricole a droit (1).

Il y a mieux.

D'après les indications présentées par M. le marquis de Laurens-Castelet, le pensionné aurait droit en plus — et aussitôt : — 1° à une majoration de 14 francs prise sur un crédit ouvert depuis quelques années au ministère de l'intérieur ; — 2° à une nouvelle majoration de 20 p. 100, soit de 53 francs, en vertu de la loi du 31 décembre 1895 quand il aura atteint soixante-dix ans (2).

De sorte que la société, par l'intermédiaire de la Caisse nationale des retraites pour la vieillesse, servirait d'abord au membre retraité une rente de 250 francs + 14 francs = 264 francs — et, à l'âge de soixante-dix ans, 53 francs en plus, soit 317 francs.

On trouvera auprès des trésoriers-payeurs généraux ou auprès des percepteurs tous les renseignements concernant le prix d'achat

---

(1) Pour ne pas se perdre dans les explications données plus haut, le lecteur a besoin d'avoir présent à l'esprit que la Caisse des dépôts et consignations gère : 1° le compte des dépôts de la société ; — 2° le compte de son fonds de retraites ; — 3° la Caisse nationale des retraites pour la vieillesse.

(2) Dans aucun cas le montant des pensions *bonifiées* ne pourra dépasser un maximum de 360 francs, *bonification comprise* (art. 11 de la loi du 20 juillet 1886).

Rentes avec jouissance à 65 ans, et majoration à 70 ans.
D'APRÈS LA LÉGISLATION EN VIGUEUR.

RETRAITES SIMPLES							RETRAITES DOUBLÉES					MAJORATIONS COMMUNES AUX DEUX RETRAITES			
AGE		RENTES CORRESPONDANT					Rente correspondant	Ensemble des colonnes 7, 8 et 9, en chiffres							
			A LA SUBVENTION												
À l'entrée dans la société.	Au premier versement au fonds de retraites.	A la cotisation individuelle : 5 francs par an.	Égale au quart de la cotisation individuelle.	De 1 fr. depuis le 1er versement jusqu'à 65 ans.	De 1 fr. depuis 55 ans jusqu'à 65 ans.	Ensemble des colonnes 3, 4, 5 et 6.	A la contribution patronale de 3 francs par an.	A la subvention égale au 1/5 de cette contribution soit 1 fr. 25 par an.			Majoration au moment de la constitution de la pension.	Ensemble des colonnes 11 et 12.	Majoration à l'âge de 70 ans.	Ensemble final des colonnes 13 et 14.
									Exacte.	Arrondis.				
1	2	3	4	5	6	7	8	9	10	11	12	13	14	15
		fr.	fr.	fr.	fr.	fr.	fr.	fr.	fr.	fr.	fr.	fr.	fr.	fr.
20 ans.	21 ans.	123.41	30.85	24.68	1.81	180.75	123.41	30.85	335.01	335	15	350	10	360
25 ans.	26 ans.	91.87	22.97	18.37	1.81	135.02	91.86	22.96	249.84	250	14	264	53	317
30 ans.	31 ans.	67.49	16.87	13.49	1.81	99.66	67.48	16.87	184.01	184	13	197	39	236
35 ans.	36 ans.	48.61	12.15	9.72	1.81	72.29	48.61	12.15	133.05	133	12	145	29	174
40 ans.	41 ans.	34.03	8.51	6.81	1.81	51.16	34.02	8.50	93.68	94	10	104	21	125
45 ans.	46 ans.	22.82	5.71	4.56	1.81	34.90	22.82	5.70	63.42	63	9	72	14	86
50 ans.	51 ans.	14.29	3.57	2.86	1.81	22.53	14.28	3.57	40.38	40	6	46	9	55
55 ans.	56 ans.	7.91	1.98	1.58	1.81	13.28	7.90	1.97	23.15	23	5	28	6	34

d'une rente viagère à *capital aliéné* et à *capital réservé*.

La table ci-contre, que nous empruntons à la brochure de M. le marquis de Laurens-Castelet, indique les rentes viagères produites par des versements annuels de 5 francs (retraites simples), — les rentes viagères produites par des versements annuels de 10 francs, la moitié étant versée par l'ouvrier, l'autre moitié par son patron (retraites doublées), — enfin, les majorations communes aux deux retraites (1).

La méthode mise en pratique et préconisée par le dévoué président du syndicat agricole de Castelnaudary nous paraît tout à fait recommandable. Nous ne sommes pas de ceux qui lui reprocheront d'avoir fait du socialisme d'État, accusation simplement ridicule et teintée d'ignorance.

Nous appréhendons seulement que cette œuvre sociale, d'une utilité de premier ordre, ne soit pas appréciée comme elle le mériterait des ouvriers de la terre, sous ce prétexte, d'apparence

(1) Les pensions ne peuvent être inférieures à 27 francs, ni excéder dans aucun cas le décuple de la cotisation annuelle fixée par les statuts de la société à laquelle le titulaire appartient. — Les retraités doivent être âgés de plus de cinquante ans et avoir acquitté la cotisation sociale depuis dix ans au moins. — (Art. 6 et 8 de la loi du 26 avril 1856.)

plausible, qu'elle recule trop loin l'échéance des avantages qu'elle promet. L'élite prévoyante ira seule vers elle, dans les premières années au moins, et quoique une société de ce genre puisse s'étendre à la circonscription du syndicat qui l'a fondée — et, ici, cette circonscription préférable nous semble être la circonscription cantonale, — il y a lieu de craindre que les adhésions ne se fassent longtemps attendre, restent trop peu nombreuses, et que, par suite, la mutualité, basée sur la loi des grands nombres, ne donne que des résultats incomplets.

Pour *remédier* à cet inconvénient on pourrait, dans la mesure où le permettraient les ressources de la société, ajouter les avantages d'une caisse de secours mutuels à la caisse des retraites. M. Vacher, député de l'Allier, a procédé ainsi ; sa caisse de retraites en profite, les services de tous les jours rendus par la société de secours mutuels invitant à la patience les futurs pensionnés de la caisse de retraites (1).

(1) Demander à M. le marquis de Laurens-Castelet à Castelnaudary les statuts de la caisse de retraites qu'il a fondée.

CHAPITRE VII

HABITATIONS RURALES A BON MARCHÉ ET PETITS DOMAINES RURAUX.

M. l'abbé Lemire, dans l'exposé des motifs de son projet de loi tendant à la constitution du *bien de famille*, remarque avec une grande justesse qu'aux « yeux de tous les sages et de tous les politiques, le meilleur moyen d'enrayer le prolétariat et avec lui la plupart des misères physiques et morales dont il est la cause, est de faciliter à tous, aux plus humbles et aux plus déshérités surtout, l'acquisition de la propriété immobilière ». Un peu plus loin, il ajoute : « Notre but immédiat n'est point de favoriser l'agriculture, ni de venir en aide à l'industrie. Nous désirons rendre à la famille une base, lui créer un abri, une protection en dehors du salaire, du traitement, du revenu, de tout ce qui est sujet aux aléas de la santé et du travail. »

On ne saurait mieux dire : la petite propriété, principalement dans une démocratie, est un rouage nécessaire à la moralité et à la tranquillité publiques ; elle est le seul barrage assez fort pour fermer la route à ce prolétariat agricole qui se constitue, comme le prolétariat industriel, par suite du développement des « mécaniques » et de l'extension des exploitations rurales. Les législateurs l'ont compris et ils se préoccupent de donner satisfaction à cet impérieux besoin. De tous côtés les hommes d'œuvre, parfois gênés pourtant dans leur bienfaisante action par les lois en vigueur, cherchent tous les moyens de multiplier dans les centres industriels les habitations ouvrières. S'il est de notre devoir de leur adresser nos félicitations, il serait mieux encore d'imiter dans nos campagnes leurs salutaires exemples. A la campagne, en effet, comme à la ville, quelles sont les habitations qui paient *proportionnellement* la location la plus élevée ? Quels sont les domaines ruraux dont le fermage est le plus cher ? Après une enquête même sommaire, on arrive à constater que ce sont les petits domaines ruraux et les habitations occupées par des ménages que guette la pauvreté. Le menu peuple se les dispute ; il lui faut de quoi manger comme il faut qu'il se loge ; le propriétaire en profite. C'est une iniquité et aussi un danger. Les cœurs généreux que l'amour du peuple anime, les hommes d'ordre que les excitations révolutionnaires troublent, doivent se prêter un mutuel appui et travailler à faire cesser ce lamentable état de choses.

Est-ce possible? Oui, dans une certaine mesure, nous en sommes persuadé.

L'initiative privée ne fera pas tout. Elle a besoin que les pouvoirs publics lui viennent en aide, surtout pour écarter de sa voie les obstacles qui entravent son action et perpétuer les résultats qu'elle aura obtenus (1).

Le procédé à suivre ne nous paraît pas être le même pour ceux qui sont dans la pauvreté, et pour ceux qui disposent personnellement de quelques ressources. Examinons l'un et l'autre cas.

La caisse rurale, en cette question si particulièrement intéressante du développement de la petite propriété, remplit encore un premier rôle. Nous supposons, bien entendu, qu'elle est riche, que les capitaux affluent vers elle, et notre supposition n'est pas un rêve : les quelques caisses rurales que nous avons fondées nous-même, sont obligées de refuser les dépôts qu'on leur

(1) Voir plus loin, au chapitre consacré à la petite propriété, les obstacles qui gênent son développement et les réformes préconisées.

offre ; celle de notre commune en particulier, pourrait trouver, en moins d'une demi-journée, chez des domestiques, des fermiers, des petits rentiers, de 5 000 à 8 000 francs.

Nous supposons, en outre, que le sociétaire qu'elle veut favoriser est économe et vaillant au travail.

Voici alors de quelle manière l'initiative privée s'y prendra pour élever cet homme jusqu'à la propriété. Il n'y a pas encore assez longtemps que nous habitons la même commune pour pouvoir parler au nom de notre expérience personnelle ; nos lecteurs n'en reconnaîtront pas moins le bien fondé de nos remarques.

Nous avons choisi parmi nos laboureurs une famille très honnête, très chrétienne, se composant du père âgé de quarante ans, de la mère âgée de trente-huit ans, et de quatre enfants dont une fille âgée de quinze ans et déjà en « service », et de trois garçons plus jeunes. Cette famille vit sur une petite terre de quarante ares, retirée dans une chaumine construite en torchis, le tout loué la jolie petite somme de 85 fr. Elle possède une vache à cheptel, dont elle a le lait et le beurre, le veau étant acquis au propriétaire de l'animal. Pendant l'été, le père se loue ; à l'hiver, il tisse la toile quand les voisins lui apportent leur fil ; dans ce métier de tisserand rural, comme dans les autres, la concurrence a produit son inévitable résultat, elle a déprécié le travail; le pauvre homme nous racontait en effet qu'en travaillant quatorze et quinze heures par jour, il pouvait gagner 45 sous. La femme manque d'ordre, le mari ne fait aucune dépense de tabac et ne va pas à l'auberge. Cette famille est dans la pauvreté. Nous nous sommes attaché à elle en nous promettant de lui venir en aide.

Dans ce but nous lui avons servi de caution à la caisse rurale pour en obtenir un prêt de 200 francs. Avec cette somme un fermier connaisseur, de nos amis, a bien voulu acheter deux genisses, d'environ un an, qui ont été confiées à nos protégés. Et voici l'opération que nous leur avons conseillée. Dans huit à dix mois, quand l'une des génisses approchera de son terme, ils la vendront; ils vendront aussi le veau de la seconde. Ils pourront arriver ainsi, dès la première année, à rembourser à la caisse rurale les 200 francs empruntés, les 8 francs dus pour intérêts, tout en restant propriétaires d'*une* vache. Nous nous proposons de recommencer plusieurs fois la même opération d'achat et de vente, en ajoutant à l'écurie — le mot est prétentieux — de notre ami, de jeunes porcs qu'il nourrira en partie avec le lait beurré de la vache, et sur lesquels il se livrera au même trafic que celui dont nous venons de parler. Ainsi nous espérons bien qu'il placera chaque année quelques économies à la caisse rurale, et, quand ces économies arriveront à point, nous songerons à l'acquisition d'un bout de champ pour y bâtir au plus vite la maison où s'abritera le vieux ménage. S'il est besoin de compléter par un nouvel emprunt les économies réalisées, nous recourrons encore aux bons offices de la caisse rurale, et le revenu de la famille s'augmentera aussitôt de la différence entre les intérêts à payer à la caisse rurale et les 85 francs de location annuelle dont elle sera débarrassée, en attendant qu'elle devienne propriétaire complet, n'ayant plus aucune redevance à payer à qui que ce soit.

Vous rêvez, nous dira-t-on ; si la maladie ou un accident tombe sur cette famille, tous vos beaux plans croulent, et vous en serez pour votre argent. Eh ! c'est vrai, tout cela et bien d'autres malheurs sont possibles. Nous risquerons quand même cet acte de *patronage*, estimant que l'aumône — si le malheur nous force la main — est plus intelligemment faite sous cette forme, que si nous l'avions éparpillée au cours d'un an ou deux, en sous, en bons de pain délivrés à des quêteurs de profession. — Vous nous concéderez pourtant que notre plan n'est pas irréalisable : comme preuve, voici un fait dont nous garantissons l'exactitude complète. Nous connaissons un jeune homme appartenant à une famille aisée de laboureurs exploitant un grand domaine, qui, à l'âge de dix-huit ans, avec les quelques francs reçus depuis son bas âge et soigneusement ramassés, acheta une brebis et la confia à un pauvre ménage, se réservant la moitié de la laine et la moitié du produit, soit un agneau sur deux, soit la moitié du prix de l'agneau, au cas où la brebis ne serait pas autrement féconde. Ce jeune homme continua plusieurs fois la même opération, et une fois qu'il eut assez d'argent en bourse pour acheter une vache, dédaigneux alors des maigres profits, il délaissa les brebis et mit des vaches en « louage ». Aujourd'hui il a trente ans; il est à la veille de se marier, et il possède treize mères vaches d'une valeur moyenne de 160 francs. Il possède donc une valeur totale de plus de 2 000 francs. S'il a réussi, à plus forte raison peut réussir notre famille pauvre dont nous avons parlé, puisque au lieu d'avoir, dans des opérations analogues, une partie seulement du bénéfice, elle se les réservera en entier, n'ayant à défalquer qu'une somme minime pour le paiement des intérêts du premier capital emprunté.

. . . .

. . . .

Voici le second procédé que nous conseillons de suivre pour développer les habitations rurales et les petits domaines ruraux, et que, pour notre compte, nous nous proposons d'appliquer dès ce printemps même.

Un petit domanier, un ouvrier rural qui a pendant dix ans payé à son propriétaire le prix de son loyer ou la rente de son domaine, n'est pas plus riche au bout de la dixième année qu'il ne l'était au commencement du bail : il paie toujours la même somme. Et il arrive un temps où le total des fermages qu'il a versés dépasse la valeur vénale des immeubles qu'il occupe. Si le taux du loyer ou des fermages est élevé (et nous verrons au cours de cet ouvrage que, proportionnellement, il est beaucoup plus élevé pour les loyers ouvriers ou les tenures des paysans pauvres que pour les logements confortables et les métairies importantes), cet état de chose doit peser lourdement sur la situation du travailleur et l'empêcher d'améliorer son existence.

A première vue on ne voit pas bien comment arriver à une transformation de ce régime, sinon en décrétant l'abolition subite de la rente, ce qui serait tout simplement inique. A le considérer de plus près, on finit par se convaincre qu'une caisse rurale où les capitaux ne font pas défaut — nous avons vu que c'est l'ordinaire, — aidée du dévouement de quelques bonnes volontés, peut venir à bout de la solution du problème désirée.

La famille Bernard est une famille recommandable, et vous désirez vous intéresser à elle en la rendant propriétaire de son habitation avec, autour, un enclos plus ou moins étendu. Proposez-lui d'être sa caution devant la caisse rurale pour en obtenir un prêt suffisant au moyen duquel, suivant les cas, vous acquerrez ou une petite maisonnette déjà construite avec le lopin de terre qui en dépend, ou simplement un lopin de terre sur lequel vous ferez construire une maison d'habitation. Lequel des deux procédés vaut-il mieux employer? Tout dépend du pays, de la qualité de la terre, de son emplacement à la campagne ou à la porte d'une bourgade, du bon marché plus ou moins grand des matériaux, de la possibilité où l'on est d'avoir des transports gratuits, faits par des laboureurs à l'aise et assez complaisants pour se prêter à une bonne œuvre.

Si vous jugez qu'il soit préférable d'acheter

un lopin de terre pour y construire dessus, admettons que vous ayez besoin en tout d'une somme de 1 200 francs. La caisse rurale avance cette somme à Bernard sous la garantie de votre signature. A vous, caution, d'en disposer pour acheter en *votre nom* le lopin de terre en vue et pour y construire une maison d'habitation. Cette maison achevée, vous en abandonnez l'usufruit à votre protégé après avoir convenu avec lui : 1° qu'il paiera chaque annnée à la caisse les intérêts de la somme empruntée; 2° que tout versement effectué par lui en plus des intérêts viendra en défalcation de sa dette totale, de telle sorte qu'après avoir remboursé la somme empruntée (le plus vite sera le mieux pour Bernard), Bernard deviendra le véritable propriétaire de la maison qu'il occupe et de ses dépendances. — Le remboursement ayant été opéré dans ces conditions, vous lui communiquerez par un transfert régulier en bonne et due forme tous les droits et tous les titres que vous possédiez sur cette propriété.

Les avantages d'une pareille opération, en ce qui regarde Bernard, sautent aux yeux. La première année, il a dû verser les intérêts à 4 p. 100 des 1 200 francs empruntés (1). Si, en plus de

(1) On pourrait obtenir facilement des directeurs des caisses

ces intérêts, il a réussi à rembourser, par exemple, 100 francs à la caisse, ces 100 francs sont comme un commencement de propriété de l'immeuble dont l'acquisition lui est proposée. N'étant plus redevable que de 1 100 francs la seconde année, les intérêts à payer diminuent en conséquence, et ainsi de suite, jusqu'au moment impatiemment attendu du transfert de la propriété au nom de Bernard.

En agissant ainsi qu'avez-vous risqué ? Rien ou presque rien, ayant passé en votre nom l'acte d'achat, et l'immeuble acquis demeurant votre pleine propriété jusqu'au jour où Bernard remboursera le dernier sou à la caisse, jusqu'au jour, par suite, où se continueront les engagements que vous avez contractés vis-à-vis d'elle en acceptant d'être la caution de cet homme.

Cette idée, n'est-ce pas encore un rêve dont l'application ne puisse se faire ailleurs que dans la lune ? — Lisez plutôt ce qui suit :

Dans les chroniques toujours bourrées d'idées que M. le docteur Lancry, un penseur pénétrant, réserve à l'excellente *Justice sociale* dont M. l'abbé Naudet est le savant autant que vail-

---

rurales une diminution du taux de l'intérêt quand la société accorderait un prêt ayant pour but le développement de la petite propriété sous la forme que nous indiquons.

lant directeur, nous avons eu, tout récemment (1), la satisfaction de lire le récit humoristique suivant :

Le docteur est en visite de malades. Avec un de ses clients ouvriers il s'entretient d'un M. Louis Huyghe de la Motte-au-Bois (Nord) récemment décédé. Quoique doué d'une âme extraordinairement généreuse, le docteur se trouve cette fois peu enclin à l'indulgence vis-à-vis du défunt, en considération des « ribambelles de discours » qui ont été prononcées sur sa tombe.

« Je ne gobe pas beaucoup, nous dit-il, les discours aux cimetières, ça fait attraper la grippe à tous ceux qui sont là, tête nue. Et puis, quand on est obligé d'affirmer si fort que le défunt était un grand homme... — Oh! monsieur, réplique l'ouvrier, ne parlez donc pas ainsi; c'était un si brave cœur, ce M. Huyghe; tenez, c'est lui qui m'a acheté mon *bateau*. — Bah! mais, contez-moi cela. — J'avais vingt-trois ans et je revenais du service : « Dis donc, qu'il me « dit, tu as toujours travaillé pour les autres, est- « ce que tu ne serais pas satisfait de travailler « pour toi ? » Je fis un saut si haut que je faillis me

---

(1) Numéro du 8 janvier 1898.

tordre le pied. « Eh bien, reprit-il, je vais t'ache-
« ter un bateau de trois mille francs, tu te
« marieras à ton goût et tu seras patron. »

« Mais c'est que je n'ai pas d'argent. — Tu
« économiseras et tu me donneras un intérêt de
« 3 p. 100 ; tu vois que je suis raisonnable. » Au
bout de trois ans, monsieur, j'avais payé mon
bateau. M. Louis Huyghe m'en acheta un autre
de *huit mille francs* sur lequel je versai seulement le prix du premier. Ah, je vous garantis
que c'était un brave homme ! — C'est qu'il vous
connaissait ? — Eh oui, il me connaissait ; du
reste, il connaissait tout le monde, et il y a peut-
être à La Motte-au-Bois et *dans les environs plus
de quarante ménages ouvriers qu'il a aidés à se
faire une petite maison et qui, grâce à lui, sont
aujourd'hui propriétaires.* »

Ces actes de vraie charité chrétienne se trouvent ici à leur place, et méritaient d'être connus. Ils sont aussi la preuve que l'idée présentée à nos lecteurs est d'une application facile.
Nous remplaçons le généreux chrétien qu'était
M. Louis Huyghe par la caisse rurale : pas d'autre changement... à la condition, toutefois, de
rencontrer, à côté de la caisse, des bonnes volontés disposées à servir en même temps que la
cause du peuple, la cause de l'Église et de la

société. Voilà, en effet, comment on peut, sans sortir un sou de sa poche, fixer au sol une famille, lui donner des habitudes d'épargne et de prévoyance, et préparer lentement son ascension sociale. Combien différente, cette charité, des *charités* antisociales — encore qu'elles soient devenues utiles — tendant à la dissolution de la famille plutôt qu'au rapprochement de ses membres, par la fondation de crèches, d'asiles, d'orphelinats, de cantines scolaires ou d'hôpitaux !

Un dernier mot, en terminant ce chapitre, sur les dispositions nouvelles créées par la loi du 30 novembre 1894 sur les *habitations à bon marché*. On peut regretter qu'elles visent uniquement les habitations et ne s'étendent pas aux petits domaines ruraux (1). Telles qu'elles existent ces dispositions méritent pourtant d'être connues pour permettre d'en tirer parti.

La loi de 1894 ne vise pas seulement les habitations des ouvriers de villes ; elle n'exclut aucune catégorie de personnes ; même les propriétaires de propriété *non* bâtie peuvent en invoquer les bénéfices. Ce point a été mis nettement en

---

(1) M. Jules Siegfried, ancien député du Havre, a déposé un projet de loi tendant à combler cette lacune. Voir plus loin, p. 305.

lumière à la suite de la discussion au Sénat de l'article premier. Les habitations à bon marché sont exemptes, pour cinq ans, à partir de leur achèvement, des contributions foncières et des portes et fenêtres. En cas de décès de leur propriétaire, l'indivision peut être maintenue, en certains cas, par les héritiers, pendant un laps de temps de cinq années; chacun des héritiers a, en plus, la faculté de reprendre la maison sur estimation (1).

Autant de privilèges.

Autre avantage possible : les comités départementaux des habitations à bon marché (2) recevant des subventions de l'État, des départements et des communes, ainsi que des dons et legs, aux conditions prescrites par l'article 910 du code civil pour les établissements d'utilité publique, il peut arriver que ces comités soient en mesure de prêter un concours financier aux initiatives prises par les particuliers.

Pour participer à tous ces avantages, il suffit

(1) Voir les explications présentées, p. 302 et suiv.
(2) Ces comités ont pour mission d'encourager la construction de maisons salubres et à bon marché, soit par des *particuliers* ou des sociétés, en vue de les louer ou de les *vendre* à échéance fixe ou par *paiements fractionnés* à des personnes n'étant propriétaires d'*aucune maison*, *notamment* à des ouvriers, ou employés vivant principalement de leur travail ou de leur salaire, soit par les *intéressés eux-mêmes* pour leur usage personnel. Art. 1er, Loi du 30 nov. 1894.

de donner avis au président du comité de l'intention que l'on a de faire bénéficier telle habitation des prérogatives énumérées dans la présente loi, et se conformer, bien entendu, au règlement en vigueur.

CHAPITRE VIII

LES JARDINS OUVRIERS (1)

Telle est la dernière œuvre pratique que nous recommandons à l'attention de nos amis ruraux. Celle-là complète les autres, car elle s'adresse à un public à part, la clientèle des pauvres gens qui n'ont pas de « chez eux », qui manquent de travail et quelquefois de pain.

L'œuvre des « Jardins ouvriers » est on ne peut plus simple; elle n'en est pas moins une œuvre de reconstitution sociale, et n'a d'autre but que de moraliser l'homme en le rattachant à la terre, ce qui est en plein le programme démocratique chrétien :

L'aumône, *telle qu'on la pratique d'ordinaire*, n'est pas propre à relever le pauvre à ses propres yeux; — l'ouvrier la dédaigne parce qu'il se sent humilié de tendre la main, — et, trop

(1) Voir *Justice sociale*, 149, rue de Rennes, *Organe officiel de l'Œuvre* et la *Revue des jardins ouvriers*, organes de la section de Rosendaël (Lancry-Dunkerque). — Voir aussi *La ligue du coin de terre et du foyer*, rue Lhomond, Paris.

souvent, elle détruit toute initiative, engendre la paresse, le vice. Alors on s'est dit — *et ceci n'est pas nouveau :* — faisons travailler ces pauvres gens ; l'aumône que nous leur ferons sous cette forme, ils la recevront avec plus de reconnaissance.

On a installé alors, dans bien des localités, ce que l'on appelle « des jardins ouvriers ». Louer quelques arpents de terre, en abandonner la jouissance à une famille moyennant qu'elle y cultive pommes de terre, choux, haricots, etc., voilà toute l'œuvre. Qui n'est capable de l'entreprendre ?

Elle a été tentée à la ville et à la campagne : partout, elle a abouti aux mêmes résultats excellents.

C'est un membre de la compagnie de Jésus, le P. Valpette, qui a organisé, au profit des mineurs, les Jardins ouvriers de Saint-Étienne. Il a d'abord loué un hectare de pré, puis davantage, au fur et à mesure de ses ressources. En octobre 1896, l'œuvre disposait de 6 hectares 25 ares divisés en cent trente jardins pour autant de familles comprenant huit cents personnes.

Pour l'année 1896, les dépenses totales, locations, clôtures, semences, engrais, se sont élevées à 2 045 fr., les recettes à 10 400 fr. Est-ce un assez joli placement?

Le règlement est des plus simples :

Article premier. — Chaque famille cultivera son lot avec soin.

Art. 2. — On ne travaillera pas les dimanches ou les jours d'obligation.

Art. 3. — On ne sous-louera rien sans permission expresse.

Art. 4. — On se gardera de tout ce qui pourrait porter atteinte au bon renom des travailleurs.

Nous avons cité Saint-Étienne parce que c'est ce qu'il y a de mieux au moment où nous écrivons. Nous aurions dû commencer par Sedan où Mme F. Hervieux, présidente de l'œuvre « la Reconstitution de la famille », assiste quatre-vingt-quinze familles entre lesquelles elle a réparti 5 hectares 80 ares. Mais notez que l'œuvre existe déjà dans cinquante endroits, notamment dans le nord, à Rosendaël, sous la direction de l'infatigable Dr Lancry, à Montreuil-sur-Mer, à Boulogne-sur-Mer, à Saint-Riquier, à Mende, à Orléans, et dans beaucoup d'autres petites villes de France.

La marche à suivre pour le moment, n'est pas embarrassante. Faites des « Jardins ouvriers », les bureaux de bienfaisance suivront votre exemple.

Une partie de ce programme est déjà réalisée : à Besançon et à Cognac, l'Assistance publique a commencé. Les autres bureaux de bienfaisance emboîteront le pas. Et tôt ou tard, « sur les jardins donnés ainsi, les indigents bâtiront leur maison ».

C'est le but dernier que se propose la Ligue du Coin de terre et du foyer, autorisée par arrêté de M. le ministre de l'intérieur et dont M. l'abbé Lemire est le dévoué président.

Avions-nous raison de dire que cette œuvre est d'installation facile. Il suffit de réunir un petit capital — en beaucoup d'endroits, le tronc de Saint-Antoine y aidera — et de louer quelques arpents de terre. Si, en plein Bruxelles, M. l'abbé Gruel a réussi à louer 10 hectares, on arrivera difficilement à nous persuader que la même opération n'est pas réalisable dans les banlieues de nos villes françaises.

A la campagne, l'œuvre offrira encore moins d'inconvénients. La terre ne s'y loue pas à un prix aussi élevé, et s'il est vrai, comme l'on dit, que le quart des habitants des communes rurales est inscrit aux registres de l'assistance publique, les clients ne sont pas prêts de faire défaut.

Voilà de la besogne à la portée de tous et que l'on dirait taillée, tout exprès, à l'intention des paresseux qui prétendent qu'il n'y a rien à faire. Du coup, mettront-ils la main à la pâte?

. . . .

. . . .

. . . .

Il resterait à mentionner plus d'une œuvre rurale, les diverses coopératives, les offices de placement, la reconstitution de certaines petites industries rurales. Nos lecteurs ont entendu parler de toutes ces choses : nous n'avons pas le temps de nous y arrêter.

D'ailleurs, si excellentes et si propices que soient ces œuvres à l'union des intelligences et des cœurs, nous pensons qu'elles ne remédient pas à tout le mal agricole. Mises sur pied un jour par des hommes d'énergie qu'il faut louer, peut-être n'auront-elles profité, dans un avenir rapproché, qu'aux seuls propriétaires. L'histoire de tout le progrès moderne, aussi bien que le raisonnement, autorisent cette supposition. L'agriculture est, certes, en grand progrès : la découverte de machines puissantes, les études de savants agronomes ont été le point de départ de beaucoup d'améliorations réelles. Voilà le fait. Mettons en regard la situation présente du fermier, du métayer, de l'ouvrier agricole; scrutons par la pensée quel sera demain le sort de ces millions d'hommes, et nous verrons bien si le progrès a servi leurs intérêts.

De même nos œuvres de préservation et de prévoyance, une organisation meilleure du crédit, la diminution, sinon la suppression d'intermédiaires ruineux pour le producteur, ne suffisent pas à déraciner le mal. Elles sont des calmants d'une utilité qui n'est pas douteuse, mais c'est en dehors d'elles qu'il nous faut aller chercher la solution même de la question agricole.

DEUXIÈME PARTIE

TARIFS DOUANIERS ET QUESTIONS CONNEXES

CHAPITRE PREMIER

LIBERTÉ DES TARIFS. — DRAWBACK. DROIT GRADUÉ

Les *tarifs conventionnels* de puissance à puissance, ou *traités de commerce*, ne sont guère en faveur dans les associations agricoles, et particulièrement dans l'importante Société des agriculteurs de France. C'est ce courant d'opinion qui semble prévaloir, et avec raison, pensons-nous. La plupart des grands États, considérant que l'exploitation de leur propre marché constitue leurs plus sérieux bénéfices, tendent à conserver leur *liberté de tarifs*. En France, notamment, où notre marché atteint le chiffre de 35 milliards tandis que celui de l'exportation n'atteint pas 4 milliards, alors surtout que le chiffre des importations s'est accru dans la proportion considérable de 740 millions à 1 440 millions de francs, de 1877 à 1886, il apparaît que nous avons raison de vouloir nous réserver notre liberté de tarif général.

C'est, d'ailleurs, sous l'empire de cette considération, que nos céréales et notre bétail n'ont jamais figuré dans les traités de commerce. La culture et l'élevage sont les deux principales sources de revenus pour l'agriculture. La prudence nous commandait de ne pas paralyser notre marché, de ne pas entraver le progrès, en nous liant aux puissances étrangères par des engagements fixes, déterminés, attendu que les découvertes nouvelles, des fléaux subits peuvent, d'une année à l'autre, bouleverser notre industrie agricole. Nous ne voyons pas que l'agriculture pourrait y perdre à substituer aux tarifs conventionnels cette liberté de tarifs pour ce qui est des importations des autres produits agricoles étrangers, tels que : œufs, beurre, volailles, fruits, fromages, bois, etc. Nous voyons, au contraire, ce qu'elle pourrait y gagner, en conservant ainsi sa pleine indépendance dans ses rapports économiques avec les autres puissances, élevant ses tarifs ou les diminuant à volonté pour protéger, tantôt l'un de ses produits, tantôt un autre, suivant son abondance ou sa rareté, suivant aussi sa variation de prix sur le marché international.

Nous demandons en outre, au nom de la justice, que l'agriculture ne soit pas sacrifiée à l'industrie manufacturière, mais que l'une et l'autre soient traitées sur un pied d'égalité (1). N'est-ce pas une bizarrerie de nos législateurs libéralistes qu'ils consentent à protéger — nous verrons tout à l'heure dans quelle mesure — les produits manufacturés, et qu'ils se refusent à protéger les matières premières qui entrent dans la fabrication de ces objets manufacturés, tels que lins, bois, laines, soies, etc. Sous le fallacieux prétexte que la tarification de ces matières premières fournies par l'agriculture augmenterait le coût de tous les objets dans la fabrication desquels elles entrent, on sacrifie le laboureur. Autrement, que deviendrait l'ouvrier de l'industrie, si son vêtement et sa nourriture renchérissaient? Comme si les intérêts de l'ouvrier, de l'artisan, du petit commerçant, n'étaient pas solidaires des intérêts du laboureur, et comme si

(1) Il s'agit ici de l'égalité de l'industrie et de l'agriculture devant le *Tarif des douanes* : nous traitons plus loin de leur égalité *devant l'impôt*.

le laboureur, lui aussi, n'était pas consommateur. L'ouvrier n'est pas seul à consommer ; les vingt-sept millions de laboureurs consomment aussi, mais, seulement, dans la mesure où ils en ont la faculté. De leur prospérité dépend un peu la prospérité du commerce et de l'industrie. Ce sont eux qui fournissent du travail aux artisans de campagne — classe extrêmement intéressante, — menuisiers, cordonniers, tailleurs, maçons, serruriers, taillandiers, etc. Ce sont eux encore qui enrichissent, en partie, le petit commerce. Or, quand le petit commerce et le petit métier prospèrent, la grande industrie qui les alimente prospère à son tour, et quand le laboureur, le petit commerçant, l'artisan de campagne gagnent honnêtement leur vie sur leur sillon ou dans leur boutique, ils prennent racine à la campagne et ne s'engouffrent pas dans les villes pour faire la concurrence aux ouvriers qui y sont fixés et provoquer, au détriment de ceux-ci un abaissement de leurs salaires.

On le voit par ce qui précède, tout se tient dans l'économie d'une nation, et tous les intérêts s'harmonisent, à la condition de ne pas intervertir les rôles. Aussi, ne sommes-nous pas étonnés de savoir que la plupart des chambres de commerce et des chambres des arts et manufactures aient tourné le dos aux théories menteuses des fervents libre-échangistes de l'école de Manchester et réclamé, en faveur de l'agriculture, un traitement égal à celui dont jouit l'industrie. Et M. Aclocque, président de l'Association de l'industrie, française, à la réunion du 30 janvier 1891 de la société des Agriculteurs de France, observait, à juste titre, que les intérêts de l'industrie et les intérêts de l'agriculture étant solidaires, le législateur devait se préoccuper de mettre un terme à cet état d'infériorité où se trouve l'agriculture.

Quelques chambres de commerce, celle de Paris entre autres, combattirent ces conclusions au nom de la liberté commerciale. Or, il faut voir comment la chambre de commerce de Paris entend cette liberté, et combien sont sincères ses convictions libre-échangistes, elle qui n'hésite pas à demander un relèvement de droits dans la proportion de 140 à 600 francs pour certains meubles, de 50 p. 100 pour la bijouterie, et qui, à la place du droit actuel de 605 francs par 100 kilo d'écaille, demande un droit de 20 000 francs pour l'écaille jaspée et de 50 000 francs pour l'écaille blonde (1).

Voilà un exemple de la sincérité des libre-

(1) Voir *Compte rendu des agriculteurs de France*, session de 1891, p. 97, 98.

échangistes : protection pour eux, écrasement du voisin, telle nous apparaît leur manière d'envisager les choses. Nous ne sommes pas, nous, des prohibitionnistes, nous nous bornons à demander que l'agriculture puisse vivre, que l'État la protège suivant ses besoins et qu'elle cesse d'être sacrifiée aux intérêts de quelques grands industriels ou d'une poignée de spéculateurs. « Ce système, dirons-nous avec M. Méline, qui ne voit dans les produits agricoles que des matières premières et les livre sans défense à la concurrence étrangère, finirait par ruiner l'industrie en même temps que l'agriculture, si les pouvoirs publics ne proclamaient pas l'égalité entre ces deux branches de notre production nationale. »

Nous ne voyons pas d'ailleurs quelle raison on invoquerait pour empêcher le développement du régime du drawback ou de l'admission temporaire des matières premières étrangères dont notre industrie manufacturière a besoin.

La meunerie, nous le verrons bientôt, importe des blés étrangers en franchise à condition qu'elle les exporte après les avoir convertis en farines. Une longue liste d'articles jouissent de ce régime de l'admission temporaire, « et parmi ces articles les fils de coton écrus, simples ou retors, des n°s 50 et au-dessus, destinés à la fabrication des mousselines et tissus mélangés de soie et de coton » (1).

M. Plichon, dans cette même assemblée générale des Agriculteurs de France, rappelait que M. Plihoret, secrétaire général de l'Association de l'industrie française, avait justifié le drawback de toutes les accusations dont il était l'objet et que, d'autre part, M. de Bismarck y avait recouru au grand avantage de l'Allemagne. Il est, à notre avis, le seul moyen de permettre concurremment le développement de l'industrie agricole et de l'industrie manufacturière ; c'est à lui qu'il faut demander la solution de l'éternelle dispute entre libre-échangistes et protectionnistes (2).

Dernière question à trancher : notre tarif doit-il être un tarif *fixe*, ou un tarif à *droit gradué* ?

Notre agriculture vit aujourd'hui sous le régime du droit fixe. L'expérience de ces quinze dernières années en démontre assez clairement les vices.

Cette appellation : « tarif *fixe* », manque de justesse. Tout le monde sait, en effet, que le

---

(1) Voir *Même compte rendu*, p. 87.
(2) Nos lecteurs verront plus loin en quoi consiste l'admission temporaire.

taux du droit qui frappe, par exemple, les blés étrangers, a successivement passé, depuis 9 ans, de 3 à 5 francs, de 5 à 3 francs, pour revenir ensuite à 5 francs et remonter à 7.

Quoi qu'il en soit, ce qu'il importe de noter, c'est que la quantité de céréales produite ne dépend pas exclusivement de la volonté du travailleur, mais des variations atmosphériques dont Dieu est le maître, qui contribuent tantôt à féconder son travail, d'autres fois à ruiner en quelques heures ses plus belles espérances. Bien plus, il lui faut tenir compte des variations atmosphériques du monde entier, du prix de la main-d'œuvre étrangère réduit à dix centimes par jour pour l'Indien, de la fécondité particulière de certaines terres neuves que les charrues à vapeur défrichent d'année en année, et de bien d'autres causes qui exercent d'une manière très variable une influence énorme sur les revenus de notre agriculture. Dans ces conditions, un droit fixe n'a pas la souplesse et l'élasticité voulue pour remédier à une situation qui n'est jamais la même, et, pour toutes ces raisons, nous estimons que le droit gradué tel que le demande, dans un excellent projet de loi, M. Porteu, député de Montfort, garantit plus efficacement nos produits contre les dangers de la concurrence, sans exposer le consommateur ouvrier à un renchérissement subit du prix du pain.

Avec le droit gradué, lorsque le blé vaudrait en France :

30 fr. le quintal,	le droit serait de	....	0 fr.
29 —	—	....	1 —
28 fr. 50 —	—	....	1 fr. 50
28 fr. 25 —	—	....	1 fr. 75
28 —	—	....	2 fr.
27 —	—	....	3 —
26 —	—	....	4 —
25 —	—	....	5 —
24 —	—	....	6 —
23 —	—	....	7 —
22 —	—	....	8 —
21 —	—	....	9 —
20 —	—	....	10 —

Comment connaître le prix moyen du blé? M. Porteu propose la combinaison suivante : « Dans les places où le commerce des céréales est le plus important, l'on constituera une commission de trois membres nommés par le préfet sur la proposition des comices agricoles, des chambres ou tribunaux de commerce et du conseil municipal. Les membres de cette commission prêteront serment devant le président du tribunal civil et s'engageront, sous peine d'amende, à établir exactement les mercuriales de chaque marché, lesquelles mercuriales seront affichées dans chacune des localités et publiées toutes les semaines au *Journal officiel*. Ces mercuriales serviront à établir le cours officiel, qui sera calculé sur le prix moyen des quatre semaines précédentes. » Et l'article 5 du projet de loi de M. Porteu détermine que « les taxes imposables à chaque expédition de blés étrangers seront calculées d'après le tableau précédent sur le prix moyen de l'ensemble des marchés français pendant les quatre semaines qui précéderont son entrée en France ».

Nous nous rangeons à la manière de voir du député de Montfort. Le droit gradué répond à un besoin de notre temps et de notre agriculture et, loin d'en restreindre l'application aux céréales seulement, nous voudrions l'étendre au bétail ; nous avouons ne pas connaître d'autre moyen efficace de protéger notre élevage français (1).

Il ne faudrait pas cependant se payer de mots. L'efficacité bienfaisante des meilleurs ré-

---

(1) Nous trouvons, dans le *Bulletin du syndicat agricole d'Ille-et-Vilaine*, les réclamations suivantes concernant les arrivages de bœufs étrangers et présentées par M. Boby de la Chapelle :

1° Qu'aucun animal ne puisse être débarqué avant d'avoir subi un examen sanitaire ;

2° Qu'aucun animal ne soit débarqué avant l'autorisation signée du vétérinaire ;

3° Que les fumiers provenant de la traversée ne soient pas débarqués, attendu qu'ils peuvent contenir des germes de maladie infectieuse.

4° *Que les droits de douane ne soient en aucun cas établis sur des moyennes prises sur le pesage de quelques groupes, mais sur le pesage totalisé de chaque bête pesée individuellement.*

gimes douaniers peut être paralysée par les difficultés de leur application ou encore par des vices de législation qui en faussent l'exercice. C'est ce qui a lieu pour notre tarif actuel à droit fixe ; des causes extérieures et indépendantes de sa nature agissent sur lui et en gênent le jeu. Or, ces mêmes causes, si on ne prenait le soin de les écarter, aboutiraient à une déviation du droit gradué, et ce régime, que nous proposons de substituer au régime sous lequel nous vivons, ne produirait que des résultats incomplets.

Ces causes et ces vices sont au nombre de cinq : le monométallisme-or ; — les admissions temporaires et le trafic des acquits à caution ; — les tarifs de pénétration ; — l'assimilation des pavillons — et la facilité pour les produits étrangers d'entrer chez nous au moment des demandes de relèvement de droits.

Nous les étudierons successivement pour les signaler ensuite à l'attention du législateur.

CHAPITRE II

QUESTION MONÉTAIRE

La question monétaire est posée dans tous les pays du monde civilisé. Faut-il lui attribuer l'universalité des maux dont souffre notre agriculture nationale, comme seraient enclins à le penser par instinct conservateur de nombreux braves gens que les questions sociales ébouriffent et désorientent ? Assurément non. Du moins sommes-nous obligé de constater les graves perturbations économiques apportées depuis quelques années dans l'industrie, le commerce, l'agriculture, que les phénomènes prétendus de surproduction sont impuissants à expliquer. — Cette fois encore nous persistons à croire qu'en cette nouvelle question l'application de la doctrine libéraliste nous a été funeste.

« La monnaie, affirment les économistes, est *une marchandise comme une autre*. Le rapport invariable imaginé entre l'or et l'argent, et d'après lequel 1 kilo d'or équivaut à 15 kilos et demi d'argent, n'exprime pas la véritable valeur des deux métaux précieux; cette valeur est soumise comme toutes les marchandises ordinaires aux variations qui résultent de l'offre et de la demande. Il n'y a donc aucune raison de conserver à l'argent son rôle de monnaie indéfiniment libératoire et d'en autoriser la frappe libre ; il y en a au contraire pour n'accepter qu'un seul étalon, l'étalon or ; l'abondance des gisements aurifères, la nature encombrante de l'argent et les fluctuations de son prix-marchandise, ce sont là des arguments sans réplique qui prouvent péremptoirement que l'or est la marchandise idéale et par suite la monnaie parfaite. »

Ainsi raisonne l'économie libérale.

Nous verrons bientôt que cette théorie brillante de surface conduit en ligne directe à l'accaparement du métal or au détriment des transactions commerciales.

Mais avant d'entrer de plain-pied dans la question, il sera utile d'en refaire en quelques lignes l'historique. Ce que nous aurons à dire plus tard du monométallisme s'éclairera de ce que nous aurons raconté des différentes phases par lesquelles il a passé.

A l'exception de l'Angleterre, tous les États

d'Europe avaient admis, sur le modèle de la France, le double étalon monétaire, l'or et l'argent, au rapport invariable de 1 à 15 1/2. Seule l'Angleterre, dès 1826, avait adopté le système du monométallisme-or ; à Londres, l'argent ne gardait d'autre valeur que sa valeur-marchandise. Néanmoins les agissements de nos voisins d'outre-Manche ne troublaient pas les relations économiques internationales. Dans les échanges de peuple à peuple, en fait, le rapport de 1 à 15 1/2 subsistait, subissant seulement par moment quelques variations sans importance à la suite des découvertes des mines d'or de Californie et des mines d'argent du nouveau monde.

A partir de 1871, l'équilibre fut subitement détruit. A son tour l'Allemagne venait d'adhérer au monométallisme-or. En 1873 les États scandinaves imitaient son exemple. Dès lors les pays qui composaient l'Union latine, se sentant menacés par les pays monométallistes dans la possession de leurs stocks d'or, essayèrent de parer à cette « râfle de l'or » en fixant, cette même année 1873, une limite au monnayage en argent. Enfin en 1877, ils suspendaient définitivement la frappe libre de l'argent et devenaient à leur tour monométallistes-or.

Quelle pensée avait donc agité l'Angleterre en adoptant son système monétaire? Il est facile de s'en rendre compte : une pensée de spéculation. La haute finance juive avait compris qu'il y avait là un procédé ingénieux d'arriver, suivant le mot très exact de Morès, à « la conquête universelle ».

On a bien essayé, il est vrai, de donner le change à l'opinion sur ce point, comme sur bien d'autres, en attribuant la baisse croissante de l'argent à sa surproduction. Les faits, aussi bien que la théorie, vont à l'encontre de cette assertion. De 1890 à 1896 la production annuelle de l'argent n'a augmenté que de 8 p. 100, tandis que celle de l'or augmentait de 100 p. 100. Dans ces conditions, ce n'était pas la valeur de l'argent, mais celle de l'or, qui devait baisser et c'est pourtant le contraire qui eut lieu.

Si, du terrain des faits on passe à la théorie, on remarquera que l'objection des économistes tirée de la surproduction ne vaut pas davantage : « Sur le marché, observe avec raison M. Ott, c'est bien l'offre et la demande qui déterminent le prix relatif des deux métaux précieux, mais c'est à la condition que cette offre et cette demande dépendent uniquement des producteurs et des consommateurs. Si, pour un objet quelconque, il se trouve un acheteur qui s'engage à payer toujours un prix supérieur aux frais de production, quelle que soit la quantité des objets de cette espèce qui soit offerte, la valeur de cet objet ne descendra jamais au-dessous du prix fixé par cet acheteur. Or, c'est ce qui arrive pour l'or et l'argent quand leur rapport est fixé d'avance à 15 1/2 par exemple et que la frappe des deux métaux est libre. Dans ce cas, *chaque possesseur d'argent est assuré d'obtenir un gramme d'or pour 15 gr. 5 d'argent et il ne cédera pas son métal à plus bas prix* » (1).

On le voit : l'argent n'a été retiré de la circulation que dans un but de spéculation.

Du fait de cette suppression les nations se trouvèrent partagées, au point de vue monétaire, en deux camps très tranchés. Dans l'un, la circulation monétaire restait au pair de l'or, c'est-à-dire que *la monnaie et le billet de banque gardaient la même valeur que l'or, à l'intérieur aussi bien qu'à l'étranger*. L'Angleterre, l'Allemagne, la France, la Belgique, la Suisse et la Hollande en faisaient partie. Dans le camp opposé, où figuraient la Russie, l'Espagne, le Portugal, l'Italie, l'Autriche-Hongrie, les plus importantes

(1) *Traité d'Économie sociale*, t. II, p. 109.

nations d'Asie, et presque tous les États de l'Amérique du Sud, en tout vingt-deux nations, dans ce camp, la circulation monétaire était une circulation avariée, c'est-à-dire que la monnaie et le billet de banque y avaient une valeur moindre que l'or.

Quand l'or fut ainsi transformé en seule monnaie internationale ; quand tout rapport fut supprimé entre l'or et l'argent ; quand toute la politique monétaire des nations en présence ne consista plus qu'à accaparer une quantité toujours plus considérable des 20 milliards d'or existants, que s'en suivit-il ?

C'est ce qu'il nous reste à examiner, et c'est, au point de vue agricole qui nous occupe, ce qu'il importe de préciser.

La baisse universelle des prix fut une première conséquence de cette révolution monétaire (1).

Quand la frappe de l'argent fut, d'une part,

(1) Nous ne méconnaissons pas que la baisse des prix ne s'est pas effectuée dans la même proportion que le renchérissement de l'or et la démonétisation de l'argent, c'est-à-dire, en raison du taux des changes. Mais cela provient de ce que, dans la fixation du prix, figurent deux éléments, la valeur de la monnaie et aussi la valeur de la marchandise. La valeur de la monnaie a pu être réduite à la suite des manœuvres d'accaparement de l'or, la valeur de la marchandise a lutté autant qu'elle le pouvait contre la dépréciation. Voilà pourquoi cette baisse de prix n'est pas dans un rapport constant avec le taux des changes, et pourquoi aussi certaines marchandises n'ont subi qu'une dépréciation légère.

suspendue et que, d'autre part, une partie du stock d'or, soit 10 à 12 milliards sur 20, fut accaparée par quelques pays monométallistes-or, il se produisit ce qu'on appelle une contraction monétaire ; malgré l'existence de la monnaie fiduciaire (billets de banque, lettres de change, etc.) à côté de la monnaie métallique, la quantité de monnaie nécessaire aux échanges demeura insuffisante, et il en résulta une dépréciation universelle des marchandises, particulièrement des produits agricoles ; il est facile de s'en convaincre en étudiant la table des *index numbers* ou variations des marchandises les plus importantes, dressée par les statisticiens en France, en Angleterre, en Allemagne et en Belgique.

Ce résultat était inévitable. La valeur des marchandises n'étant plus représentée que par une valeur monétaire insuffisante, ces marchandises, pour devenir susceptibles d'achat, durent réduire leur valeur à la valeur du stock monétaire existant. Cette valeur monétaire étant inférieure à la leur, la baisse des prix s'imposait.

Les économistes ont vainement cherché sur d'autres terrains une explication à cette baisse universelle des prix qu'ils présentaient, notamment, comme le résultat de la surproduction et du développement du machinisme. Leur explication est en contradiction avec les faits. « De 1848 à 1873 l'accroissement annuel de la production a été de 2,8 p. 100 par an. Si les prétentions des monométallistes sont exactes, cet accroissement annuel aurait dû être supérieur à partir de 1873, date de la baisse des prix ; mais de 1873 à 1885 l'accroissement annuel de la production n'est plus que de 1,6 p. 100 par an et depuis, cette diminution s'accentue ; c'est donc le contraire qui s'est produit. En fait, aucune surproduction n'a pu être observée. Pour n'en citer qu'un exemple, la production universelle du blé est restée stationnaire de 1891 à 1894 et le blé a cependant subi une baisse de 30 p. 100 » (1).

L'objection tirée du développement du machinisme n'est pas mieux venue. Les perfectionnements de tous les moyens de travail en général réalisés, ou dans l'outillage, ou dans les transports sont antérieurs à 1873 ; c'est de 1848 à cette dernière époque, à la suite des découvertes de la vapeur et de l'électricité, que les plus remarquables progrès ont été accomplis.

La *baisse des prix* est donc une conséquence du renchérissement de l'or, provenant lui-même

---

(1) *Le* xx° *siècle*, avril 1896, p. 205.

de la démonétisation de l'argent et de l'accaparement de l'or (1).

La *crise des changes* fut la seconde conséquence de cette révolution qui s'était faite dans les systèmes monétaires des peuples par la suppression de tout rapport fixe entre les deux métaux précieux, l'or et l'argent.

Nous avons vu précédemment que les nations se divisaient en deux camps : les nations où la monnaie est au pair de l'or, et les nations à circulation monétaire avariée. Dans leurs échanges internationaux, il y a donc à tenir compte de cette différence de leur valeur monétaire particulière, ou du *change* (2). D'après ce calcul, un billet de banque français, par exemple, vaudra au cours actuel du change 106 francs en Autriche, 116 francs en Italie, 123 francs en Espagne, 145 francs au Portugal, 151 francs en Russie,

---

(1) Tous les débiteurs, nations ou individus, fermiers, métayers ou emprunteurs, surtout les débiteurs ayant contracté des engagements à longs termes, ont eu à souffrir cruellement de cette baisse des prix. Leur dette ou leur rente à payer *restait la même en apparence*, mais ils ne pouvaient plus s'acquitter qu'en vendant *plus de céréales, plus de foin, plus de bestiaux, et d'une manière générale, plus de denrées.* — Voir *Bimétallisme et monométallisme* par Mgr Walsh, traduit par Chabry (Maison de la Bonne Presse).

(2) Le taux du change est calculé d'après la valeur de l'argent coté à Londres, et c'est ce prix de l'argent qui détermine le taux du change entre les pays à monnaie d'or et les pays à monnaie d'argent.

270 fr. 83 au Brésil, 271 fr. 73 au Chili, 329 fr. 60 dans la République Argentine.

Nous aurions tort de nous laisser aller à un sentiment de fausse pitié envers les nations à circulation monétaire avariée. L'exemple suivant suffira à nous en convaincre.

Nous supposons un marchand de vin Espagnol qui passe un marché avec un consommateur français. Il lui vend un hectolitre de vin à 100 francs. Le marchand reçoit en paiement 100 francs de monnaie or française. Mais comme au cours du change ces 100 francs français valent 123 francs espagnols, c'est en réalité 123 francs qu'il a vendu son hectolitre de vin.

Autre exemple :

« Le blé revient à Buenos-Ayres à 13 francs l'hectolitre en monnaie du pays. Mais le change étant à 329 p. 100 il suffit au producteur indigène de tirer sur son acheteur français, allemand ou anglais une traite de 3 fr. 90 payable en monnaie d'or pour rentrer dans ses fonds. Ces blés pourront donc être vendus sur le marché français, *droits de douane et frais de transport compris* à 11 fr. 50 ; or le blé revient en France dans les terres les plus riches à 18 fr. ; on voit ainsi si les producteurs français et argentins se trouvent sur un pied d'égalité. Aussi la République Argentine, qui n'exportait en 1889 que 22500 tonnes de blé en Europe, exporte actuellement 1806000 tonnes au détriment des producteurs des pays au pair de l'or (1). »

Les exploitations ont augmenté dans les autres pays à circulation monétaire avariée dans les mêmes proportions :

En 1873, les Indes exportaient 19000 tonnes de blé ; en 1878, 178000 tonnes ; en 1883, 459000 tonnes, en 1893, 910000 tonnes.

En 1873, les exportations du Mexique s'élevaient à 6320200 dollars ; elles se sont élevées en 1883, à 12 178 938 dollars, — en 1893, à 30 948 794 dollars, — en 1896, à 32 858 927.

Dans la République Argentine de 1873 à 1887 les exploitations avaient augmenté de 80 p. 100 — de 1887 à 1892 de 90 p. 100 (2).

La crise des changes a eu pour premier résultat d'empêcher les effets de notre législation douanière et de créer au profit des pays à monnaie avariée une véritable prime à l'exportation.

Mais elle en a eu un autre, encore plus désastreux pour notre production nationale. Elle a réduit nos exportations et provoqué dans ces

(1) *Le xxe siècle*, mai 1896, p. 295 et 297.
(2) Ces chiffres et les précédents ont été empruntés aux études remarquables publiées par M. Théry dans *l'Économiste européen*.

mêmes pays un redoublement d'activité intense. Ceux-ci, pour se procurer les produits des nations au pair de l'or, étant obligés de payer la prime de l'or occasionnée par le taux du change, en plus du prix de coût de ces produits, ont été ainsi amenés à produire eux-mêmes des denrées ou marchandises, ou objets manufacturés que, par le fait du change, ils payaient un prix démesuré. « Si un Mexicain achète une marchandise 100 francs à Londres ou à Paris il doit payer 197 francs de sa monnaie nationale soit 97 p. 100 de plus ; si l'acheteur appartient à la République Argentine il devra payer 329 francs de sa monnaie, soit 229 p. 100 de plus. On comprend facilement que dans ces circonstances les nations à monnaie dépréciée cessent de s'adresser aux nations au pair de l'or et créent chez elles des industries rivales pour se passer du concours d'États trop exigeants.

« Aussi les exportations françaises dans ces pays ont-elles diminué rapidement en proportion inverse de l'élévation du change. Au Mexique les exportations françaises s'élevaient en 1889 à 28 millions ; elles tombaient à 22 millions en 1892, à 19 millions en 1893, et dans le courant de 1894, elles baissaient encore dans les mêmes proportions. Aux Indes Britanniques, elles ont baissé de 14 p. 100 pendant la même période. Dans la République Argentine les importations françaises s'élevaient à 170 millions en 1887, elles tombaient en 1894 à 60 millions, soit une diminution de 70 p. 100.

« Pour résumer la situation il suffit d'indiquer que de 1889 à 1894, malgré les dispositions prohibitoires du bill Mac-Kinley, les exportations françaises aux États-Unis n'ont baissé que de 1/2 p. 100, mais que l'élévation du change a fait baisser de plus de 30 p. 100 les exportations françaises dans les pays à monnaie d'argent (1). »

Voilà, exposés au grand jour, les déplorables conséquences du monométallisme-or. Et l'on peut juger à ses fruits de la perversité de la doctrine qui nous les a valus.

Il n'est donc pas vrai que la monnaie soit une marchandise soumise à la loi de l'offre et de la demande.

Il n'est pas vrai non plus que l'or suffise aux transactions commerciales.

La monnaie est l'intermédiaire des échanges, elle est la mesure de la valeur, ce qui suppose une idée de fixité.

L'emploi de l'or comme instrument unique

(1) *Le* xxe *siècle*, même étude, p. 296

des échanges est non seulement dangereux parce qu'il sert d'appât aux accapareurs, mais il est encore insuffisant. Le monométallisme-or a été la cause de graves perturbations économiques dans le commerce des différents peuples, après qu'il a eu, contrairement à la raison, rompu le rapport invariable qui existait autrefois entre l'or et l'argent.

Où est le remède ?

Est-ce dans le *monométallisme-argent* et dans la circulation de lingots d'or au cours de la mercuriale, ainsi que le prétendait le marquis de Morès, s'appuyant sur cette idée que l'argent est moins susceptible que l'or d'accaparement? (1)

Nous ne le pensons pas. Le calcul du cours de l'or d'après les mercuriales compliquerait singulièrement les comptes, et le public s'y habituerait difficilement, nous semble-t-il.

La véritable solution à la crise monétaire se trouve dans le rétablissement du bimétallisme, c'est-à-dire, dans le retour à la frappe libre et illimitée de l'or et de l'argent, dans la fixité de leur rapport, et dans leur faculté indéfiniment libératoire.

(1) Voir *Le secret des changes*, par le marquis de Morès, revue *Le XXe siècle*, juin 1894.

Cette solution nous apparaît comme devant être prochaine. Le bimétallisme international est de plus en plus à l'ordre du jour. L'Allemagne et l'Angleterre, qui y répugnaient, manifestent des sentiments de conversion. Aux États-Unis, les dernières élections à la Présidence se sont faites sur ce terrain, et il n'est pas exagéré de prétendre que la question monétaire est devenue une des plates-formes des revendications populaires. Quand la dernière période électorale s'est ouverte en Angleterre, vingt-quatre associations ouvrières avaient affiché sur les murs des grandes villes la proclamation suivante, qui rend suffisamment compte de l'état d'esprit du peuple : « Électeurs, la question du jour qui affecte de la façon la plus vitale les intérêts des salariés est le bimétallisme international... Pour assurer les emplois réguliers et les salaires suffisants, il est indispensable qu'un change fixe entre les monnaies d'or et les pays à circulation d'argent soit immédiatement établi, de façon à créer un courant commercial constant à l'abri des violentes fluctuations du change entre notre pays et les grands marchés de l'Orient... » La proclamation se terminait par ce conseil : « Ne votez pas pour un candidat qui ne s'engagera pas à soutenir le bimétallisme. »

CHAPITRE III

ADMISSIONS TEMPORAIRES ET ACQUITS A CAUTION

L'admission temporaire consiste dans la faculté laissée aux meuniers d'importer en France des blés étrangers, en franchise des droits de douane, à la condition de réexporter, dans un délai de trois mois, les farines et issues provenant de la mouture de ces blés.

Si les exportations des farines et issues correspondaient exactement aux quantités de blés importées, il n'y aurait pas lieu de s'alarmer et de craindre que les admissions temporaires ne soient préjudiciables à l'agriculture nationale. Ce n'est pas ce qui a lieu, et il suffira d'examiner de près la question pour constater que ce régime tend à rendre inefficace la protection que nos tarifs douaniers ont pour mission d'accorder à notre agriculture.

Les farines sont classées en quatre types d'extraction, à 50 p. 100, 60 p. 100, 70 p. 100, 80 p. 100, c'est-à-dire que, suivant le soin apporté dans l'opération du blutage et aussi la qualité des blés concassés, 100 kilos de blé donneront 50, ou 60, ou 70, ou 80 kilos de farine.

Une commission spéciale est chargée d'établir les échantillons de ces quatre types de farine, qu'elle dépose ensuite à la douane : il appartient alors aux inspecteurs de douanes de classer en l'un ou l'autre type à 50 p. 100, ou 60 p. 100 les farines exportées, conformément aux échantillons qu'ils possèdent et qui leur servent de base pour le classement.

Tout minotier qui importe 100 kilos de blé, peut, au lieu de payer le droit de douane de 7 francs, faire entrer en franchise ces 100 kilos, à condition qu'il s'engage à réexporter dans un délai de trois mois, les quantités suivantes de farines et issues :

S'il a choisi le type à 50 p. 100 d'extraction, il doit exporter 50 kilos de farine au type de 50 p. 100, et de plus, 17 kilos de farine au type de 80 p. 100 d'extraction. Ces 17 kilos de farine à 80 p. 100 peuvent être remplacés par 10 kilos au type de 50 p. 100. Le déchet de fabrication est de 2 p. 100 : il reste donc 31 kilos de son.

S'il choisit le type à 60 p. 100 d'extraction, il doit réexporter 60 kilos de farine au taux de 60 p. 100 d'extraction, plus 10 kilos au taux de 80 p. 100. Ces 10 kilos peuvent être remplacés par 7 kilos 500 de farine au taux de 60 p. 100 d'extraction. A supposer que le déchet de fabrication soit toujours de 2 p. 100, il reste 28 kilos de son.

Et ainsi de suite pour les autres types.

On lui délivre alors une pièce de régie appelée « acquit à caution » ; il se reconnaît ainsi débiteur d'une somme de 7 fr. par 100 kilos de blé étranger envers l'État. Il apure son « acquit à caution » en réexportant les quantités de farines et d'issues dans les proportions que nous venons d'indiquer, suivant les types de farine qu'il lui plaît de choisir. — La réexportation de ces farines et issues peut se faire par cinq zones, l'acquit à caution est transmissible de mains en mains comme une valeur au porteur.

Telle est dans ses grandes lignes l'économie du décret du 29 juillet 1896 qui réglemente les admissions temporaires des blés étrangers. Examinons maintenant les dangers auxquels ce régime expose notre agriculture.

Ils sont nombreux, et il faudrait être de la partie pour être au courant des « trucs » dont la minoterie dispose pour échapper aux tarifs douaniers. Cette classification des farines en quatre types est difficile Nous voulons bien qu'elle soit faite par des gens compétents, mais ce point établi, la difficulté reste entière. Par quel procédé les inspecteurs de douane arriveront-ils à classer conformément à l'un ou l'autre de ces types les farines que la meunerie réexporte? C'est une opération très délicate, qui ne pourrait se faire que lentement et avec des appareils grossissants ; or, à la douane, il faut aller vite, et toutes ces précautions, qui pourraient être prises dans un laboratoire par des savants, échappent à la meilleure volonté des douaniers les plus avisés. D'ailleurs le taux réel d'extraction de la farine est au *minimum* de 70 p. 100 : à supposer que le meunier ait choisi, pour assurer son acquit à caution, le type 50 p. 100, il devra, ainsi que nous l'avons vu plus haut, réexporter 50 kilos à 50 p. 100 plus 17 kilos à 80 p. 100. Il reste donc *au minimum* 3 kilos de farine qui restent francs de tout impôt de douane, et qui par suite s'apprêtent à faire une concurrence à notre agriculture. Ce n'est pas tout : avec les procédés perfectionnés de meunerie que l'on possède actuellement, on peut arriver à concasser le blé de telle sorte que le son mélangé à la farine peut paraître une farine inférieure au type de 80 p. 100. Et ainsi de suite. Il se produit donc, sous ce régime, des *fissures* par lesquelles les blés étrangers entrent en franchise et aboutissent inévitablement à une dépression de la valeur de nos blés indigènes.

Le vice le plus grave du régime des admissions temporaires, nous l'apercevons moins encore dans ces fissures, que dans la surabondance de l'offre qu'il provoque. On calcule que sur les 6 millions de quintaux de blés étrangers importés en France en 1895, sur les 8 millions importés en 1896, 27 p. 100 seulement étaient destinés à la consommation — et encore n'est-ce pas trop dire? — Le reste passait en franchise à la douane sous le régime des admissions temporaires.

La lettre que nous citons, adressée à la « *Démocratie rurale* » à la suite d'un article où se retrouvaient résumés les vœux émis par quelques minotiers pour le maintien du régime actuel, éclairera le lecteur et mettra dans tout son jour l'un des moyens les plus simples au service des spéculateurs pour empêcher le « jeu » de nos tarifs douaniers.

Toulouse, le 24 octobre 1894.

Monsieur Kergall,
    directeur de *la Démocratie rurale*,

Votre journal du 21 courant a parfaitement raison d'appeler l'attention des producteurs de blé sur les vœux de la meunerie lyonnaise et parisienne, tendant au maintien des *admissions temporaires* et au rétablissement du *trafic des acquits à caution;* c'est-à-dire de la contrebande des blés étrangers. Et c'est arriver aux limites extrêmes de l'audace que de réclamer des *primes* à l'exportation des farines moulues avec des *blés étrangers.*

Les hommes de bonne foi n'ignorent point que les *admissions temporaires* donnent lieu, surtout à Marseille où il entre, bon an, mal an, 15 ou 20 millions d'hectolitres de blé de toutes provenances, à des fraudes multiples et générales. Il ne faut pas être grand clerc pour le démontrer.

On vend au commerce les bons blés, et l'on présente à la sortie des brisures de blé secondaire, des basses matières, des résidus innommés. Et le tour est fait!...

Pour mettre la production du blé national en détresse, il suffit de trouver une douzaine de personnes qui viennent affirmer au *Congrès de la meunerie* qu'en les empêchant de danser en rond, l'on porte atteinte à la meunerie en général!...

Pour être agréable aux négociants en grains de Marseille, il faut condamner, sans les entendre, 26 millions de cultivateurs français à vendre du blé à raison de 12 ou 13 francs l'hectolitre de 80 kilos net; lesquels blés leur coûtent 18 et 20 francs de frais de production... Les coupables, ce ne sont pas les Marseillais, c'est — je vous le donne en mille — *la surproduction!*... Haro sur le baudet!...

Au congrès commercial de grains et farines qui s'est tenu à Lyon, il a été demandé qu'on améliorât les *admissions temporaires*, en permettant la création des *acquits à caution* au bureau de douane d'importation, et les permis de réexportation des céréales étrangères valables pour six mois, et *par tous les bureaux de douane.*

Cette demande a pour objet la remise en vigueur du scandaleux décret surpris à la bonne foi du ministère, sous le règne de Louis-Philippe Ier et qui donna lieu à ces fraudes célèbres, vulgairement appelées en Bourse « le *trafic des acquits à caution* ». On vendait, on cotait, sur le marché, les *acquits à caution !...*

Que disait le décret dont il s'agit :

« Les blés étrangers pourront être moulus en France à la condition d'être réexportés en franchise dans les soixante jours, *n'importe par quel port.* »

Cette annexion léonine de *n'importe par quel port,* en d'autres termes par *tous les bureaux de douane,* est la fissure à travers laquelle passe la fraude. Exemple : M. X..., négociant marseillais, reçoit 100 000 hectolitres de blé sujets à un droit d'entrée de 5 francs par hectolitre, soit 500 000 francs à payer à la douane *hic et nunc.* Que fait-il pour se soustraire au paiement de ce demi-million de francs ? Il arrive à Rouen ou au Havre, auprès de quelque minotier complaisant et lui tient à peu près ce langage : « Vous envoyez sans doute vos farines à Liverpool ou à Londres. Nous avons un décret qui nous permet de gagner beaucoup d'argent, il suffit pour cela de déclarer, avec ce *permis de réexpédition* à la main, que vos 50 000 balles de farine proviennent de mes 100 000 sacs de blé. En somme, nous faisons sortir *n'importe par quel port* toutes ces subtilités, et nous gagnons, l'un et l'autre, 250 000 francs ?... C'est compris, n'est-ce pas ?... »

Et la douane ne voit pas l'ombre d'un maravédis; et le cultivateur français vend son blé 12 francs!!...

L'échelle mobile des droits protecteurs était la mesure la plus rationnelle et la plus équitable que l'on pût trouver. On y reviendra! Elle faisait la part de la situation économique de chaque nation productrice de céréales; la part des villes maritimes; la part de l'agriculture nationale, sans le concours de laquelle tout doit périr.

Je vous prie, monsieur, d'agréer, etc.

Théodore MAURY.

Ce n'est pas tout :

Le minotier ou le commerçant qui fait la demande d'un acquit à caution, jouit d'un laps de temps de trois mois pour réexporter ces blés convertis en farine. Il saute aux yeux que pendant cet intervalle la surabondance de l'offre doit provoquer une dépréciation des cours, et que ces acquits à caution représentant une valeur au porteur sont susceptibles, s'ils viennent à s'accumuler dans une ou quelques mains, de déterminer une hausse ou une baisse au gré de celui qui les détient (1).

Enfin, ce régime est nuisible au trésor lui-même qui, chaque année, perd des millions à ce

(1) Au cours des débats auxquels a donné lieu la discussion de la loi sur le cadenas, M. Viger rappelait à la Chambre des députés que des « cordonniers avaient gagné 25 000 fr. par an en faisant de la spéculation à l'admission temporaire » par le moyen des acquits à caution. (*Discours* du 25 juin 1897.)

jeu. Quand nous disons « il perd », c'est une confusion regrettable que nous commettons ; il faut dire « nous perdons », puisque le gouvernement a toujours la ressource de se rattraper en pratiquant quelque nouvelle saignée à la bourse des contribuables. — Et, qu'on ne dise pas que nous exagérons ; les chiffres sont là qui prouvent ce que nous avançons. En 1893, les droits perçus pour les importations de blés se sont élevés à 66 millions et en 1896 à... 4 millions.

Voilà en somme de quelle manière un régime spécial, établi dans le dessein de favoriser une branche de notre industrie, devient, en réalité, une méthode perfectionnée à l'usage des agioteurs pour voler le fisc et dépouiller une classe intéressante de producteurs français. Pour tous ces motifs à la fois nous nous rangeons aux vœux exprimés par la Société des agriculteurs de France dans sa réunion de 1897 :

« La Société des agriculteurs de France, persuadée des avantages que présenterait la suppression du régime des admissions temporaires, tient à affirmer une fois de plus ses convictions invariables et renouvelle le vœu suivant, émis l'année dernière :

« *Que le régime de l'admission temporaire,*

source de fraudes à l'infini, soit remplacé par un droit payé à l'entrée, et qu'aucune différence n'existant plus entre le blé étranger qui a acquitté les droits et les blés français, le droit soit remboursé à la sortie des douanes, quelle que soit la provenance ou la frontière.

« *En attendant que les projets soumis à l'étude parlementaire et lui donnant satisfaction sur ce point, puissent être votés :*

« *Considérant qu'il importe d'éviter immédiatement les erreurs qu'une diversité de types trop considérable entraîne forcément et qu'il est absolument indispensable, si l'on veut que les droits douaniers jouissent de toute leur efficacité, de rendre impossible l'agiotage sur les acquits à caution ;*

« *Émet le vœu :*

« *1° Que l'acquit à caution soit nominatif ;*

« *2° Que l'acquit à caution soit créé exclusivement au profit d'un meunier et apuré soit au compte dudit meunier, soit par endossement unique au profit d'un autre meunier qui sera tenu d'expédier ses produits sous ses plombs et marques ;*

« *3° Que le meunier créateur soit tenu de faire connaître, au moment où l'acquit sera levé, le nom de la personne chargée de l'apurer ou qu'il soit tenu de laisser l'acquit en dépôt au bureau de* douane de l'entrée jusqu'à ce qu'il soit en mesure de désigner cette personne ;

« 4° Que le délai d'apurement soit réduit à un mois ;

« 5° Qu'il soit créé, pour les blés tendres, un type unique à 60 p. 100 ou au plus deux types : l'un à 60 p. 100, s'apurant par l'exportation de 68 kilos de farine de ce type et 30 kilos de son ; l'autre à 70 p. 100, s'apurant par l'exportation de 70 kilos de farine de ce type et 26 kilos de son ;

« 6° Qu'au cas où le meunier, lors de l'apurement de l'acquit à caution, voudrait être dispensé de l'exportation du son, il soit tenu d'acquitter le droit d'importation du son à raison de 0 fr. 60 les 100 kilos ;

« 7° Que l'acquit puisse être apuré par la sortie d'un poids de blé égal au poids du blé importé ;

« 8° Que le droit d'importation soit immédiatement exigible pour les quantités de blé provenant d'admissions temporaires qui seraient mises en vente sans avoir été transformées en farine soit par l'importateur, soit par l'endosseur de l'acquit ;

« 9° Que la douane, à cet effet, soit autorisée à se faire représenter, à toute réquisition, par les importateurs, soit en nature, soit en acquits apurés, les quantités de blé introduites par eux ;

« *Considérant que le régime actuel des entrepôts est incompatible avec la réforme des admissions temporaires, demande la suppression de l'entrepôt fictif et la limitation à trois mois de l'entrepôt réel.* »

CHAPITRE IV

ASSIMILATION DES PAVILLONS — TARIFS DE PÉNÉTRATION

Autrefois tout navire *étranger* — et on appelait ainsi le navire qui n'avait pas été construit en France et qui n'appartenait pas à un Français — payait certains droits prohibitifs pour se livrer dans nos ports au trafic français. Notre marine marchande vivait alors sous le régime de la « surtaxe du tiers pavillon ». Le traité de commerce de 1860 avec l'Angleterre et le décret impérial de 1866 lui ont substitué le régime de la *liberté des pavillons*, c'est-à-dire que depuis lors les pavillons étrangers ont la faculté d'entrer dans nos ports, d'y séjourner et de se servir de nos quais sans indemnité à fournir. Ce régime de la liberté ou de l'assimilation des pavillons a sa part de responsabilité dans la crise agricole, commerciale et industrielle que nous subissons. Nos législateurs se sont imaginé qu'ils compenseraient les mauvais effets du décret impérial en accordant des primes à la navigation. Ils se sont trompés ; notre marine marchande n'en a pas profité : seules quelques sociétés anonymes en ont retiré certains avantages. Que penser d'ailleurs de ce système de primes, sinon qu'il est injuste? Que l'État continue de marcher dans cette voie, subventionnant des fonds du Trésor toutes les industries qui ne prospèrent pas, et on en viendra vite à cette situation ridiculement malhonnête d'une moitié de la France subventionnant l'autre, ce que dans le langage populaire on appelle « déshabiller saint Pierre pour habiller saint Paul ». Plutôt que de prendre dans notre poche les cadeaux qu'il plaît à un gouvernement d'accorder à une catégorie d'individus, mieux vaut, semble-t-il, prélever une taxe sur les bâtiments étrangers qui nous font la concurrence en se servant de nos ports et de nos quais, *bâtis d'ailleurs* à grands frais par les contribuables? Pas n'est besoin d'autres arguments pour appuyer notre raisonnement. Sa justesse est évidente.

Sous ce régime de l'assimilation des pavillons, et malgré les primes et subventions qui lui étaient octroyées, notre marine marchande est tombée au neuvième rang, au-dessous de la Grèce. Et **notre agriculture?**

La liberté dont jouissent les pavillons étrangers d'entrer dans nos ports sans payer de taxe a produit l'*avilissement du prix des transports par mer*. De New-York au Havre le fret de 1000 kilos de blé coûte à peine 7 fr. 80. C'était pour les nations étrangères une invitation que nous leur adressions de choisir la France pour leur pays préféré d'exportation. Cette invitation, ils l'ont entendue.

Les spéculateurs, de leur côté, ont trouvé dans cet abaissement du fret une faculté nouvelle d'introduire, à bon compte, dans leurs entrepôts les céréales des pays neufs, réalisant ainsi au détriment de l'agriculture française des bénéfices considérables, et contribuant à faire fléchir de plus en plus les cours du marché français, qui, par suite de toutes sortes de fraudes légales et illégales, s'est trouvé de fait insuffisamment protégé par nos tarifs douaniers.

Nous avons donc raison de dire que ce régime nouveau est responsable pour une part de la déchéance de notre agriculture (1).

---

(1) En plus du prix de fret, le constructeur français paie au fisc 80 francs par tonne de fer qu'il importe, tandis que son concurrent étranger ne paie que 2 francs seulement par tonne pour droit de francisation, que le navire soit armé ou non. Voir *Compte rendu de l'assemblée générale des agriculteurs de France*, 1893, p. 618.

Voici pourtant une nouvelle trouvaille du libéralisme qui l'emporte encore sur l'assimilation des pavillons par son étrange audace :

Quand un commerçant expédie d'une gare quelconque de France à Paris une barrique de vin, par exemple, il paie le transport complet de la gare de départ à la gare d'arrivée. Et on ne se risquerait pas même à penser qu'il en pût être autrement. Erreur : grâce aux tarifs de pénétration, les étrangers jouissent de cet incroyable privilège.

« Tous les matins, 1500 *moutons tués* nous arrivent à la gare du Nord, dans des wagons frigorifiques. On les fait voyager à raison de 3 *fr.* 13 le mouton. Ce sont des moutons allemands.

« Pour faire un voyage égal, les moutons français payent 6 *fr.* 73; il n'y a pas pour eux de wagons frigorifiques.

« Tous les privilèges... aux étrangers...

« Près de 600 000 moutons nous viennent donc ainsi de l'Allemagne chaque année, pendant que nos cultivateurs ne trouvent pas le moyen de vendre leurs produits. Autrefois, on élevait 38 millions de moutons en France : il n'y en a plus que 20 millions aujourd'hui.

« Supposez une tonne d'huile envoyée de Hull

(Angleterre) à Paris, elle commencera à payer son transport en France à partir d'*Amiens*. Une tonne de houille expédiée de Cardiff ou de Newcastle commence à payer à partir de *Lens*, la fosse la plus rapprochée de Paris.

« Le blé exotique, pour aller de Bordeaux à Limoges (225 kilomètres), paye seulement 8 fr. 50 la tonne, alors que le blé indigène, pour aller d'Issoudun à Limoges (165 kilomètres), paye 9 fr. 90 la tonne, ce qui représente pour le premier un *tarif kilométrique* de 0 *fr*. 377 et pour le second de 0 *fr*. 60, soit PRÈS DU DOUBLE. Ce fait inouï a été consigné dans une plainte adressée au ministre par la chambre de commerce de Châteauroux, présidée par l'honorable M. Charles Balsan.

« Voici un exemple concernant les fruits et les légumes frais. Avant la dénonciation du traité italien, jusqu'en 1887, le transport des fruits et des légumes frais d'origine italienne, sur Paris, s'élevait, de Milan, à 218 francs ; de Turin, à 193 francs.

« Nos Chambres, en réponse à la dénonciation du traité de commerce jeté par l'Italie à la face de la France, en réponse à son ingratitude, à ses provocations, nos Chambres frappèrent d'un droit de douane de 50 francs la tonne de légumes frais italiens, de 75 francs la tonne de raisins frais et de 10 francs la tonne de fruits.

« On pouvait espérer que, eu égard aux motifs de ces votes et aux circonstances, particulièrement pénibles pour la France, qui les avaient précédés, l'État saurait résister à toutes les demandes de Crispi et de ses amis. Quelle erreur! Les surtaxes étaient à peine votées (voir le tarif commun n° 110, P.-L.-M.), qu'un tarif international de transport, aussitôt homologué par le gouvernement, est publié, tarif qui concède aux légumes et fruits frais de provenance de Milan et de Turin la faveur de parcourir les 930 kilomètres ou les 786 kilomètres qui séparent ces deux villes de Paris, pour le prix uniforme de 140 francs la tonne. Le droit de 75 francs, voté par les Chambres est, par ce procédé, réduit à 15 francs la tonne, en même temps qu'une véritable prime de 10 à 50 francs par tonne est allouée aux légumes et fruits frais de provenance italienne. Est-il utile d'ajouter que, par contre, on laissait peser sur les transports des fruits d'origine française, pour une distance moindre (de la région de Barbentane, d'Avignon et d'Orange sur Paris), le tarif de 280 francs et sur les transports des légumes frais le tarif de 155 francs. Les fruits italiens jouissent ainsi, en *tenant compte des droits de douane et des faveurs de la pénétration, d'une prime de 50 francs par tonne,* qui avilit les prix de leurs similaires d'origine française ou les rend invendables (1). »

(1) Ces exemples sont extraits d'une petite brochure de l'*Union nationale,* intitulée *Plan de campagne pour les élections* de 1893. M. de Macquard a traité cette question dans la *Terre de France.*

CHAPITRE V

LE CADENAS

Cette loi a été votée par les Chambres en juillet 1897. Depuis longtemps les agriculteurs l'attendaient et on ne peut que se féliciter de la voir enfin entrer dans notre code.

ARTICLE PREMIER. — Tout projet de loi présenté par le gouvernement et tendant à un relèvement des droits de douane sur les céréales ou leurs dérivés, les vins, les bestiaux ou viandes fraîches de boucherie, sera suivi d'un décret dont une disposition spéciale ordonnera l'exécution immédiate. Le gouvernement prendra les mesures nécessaires pour que ce décret, dès le lendemain de la présentation du projet de loi, soit inséré au *Journal officiel* et affiché avant l'ouverture des bureaux de la douane. Aussitôt après la publication et l'affichage ci-dessus prescrits, les nouveaux droits seront applicables à titre provisoire.

ART. 2. — Les marchandises énumérées à l'article 1er conserveront toutefois le bénéfice de l'ancien tarif lorsqu'il sera justifié qu'à une date antérieure au dépôt du projet de loi, elles ont été embarquées directement pour un port français ou mises en route directement d'Europe à destination de France.

Art. 3. — Le supplément de taxe provisoirement perçu et consigné à la douane ne sera définitivement acquis au Trésor public qu'après le vote de la loi. Si le projet du gouvernement était retiré ou rejeté par les Chambres, ou adopté seulement en partie, la différence entre le droit perçu et celui qui serait légalement maintenu ou établi devra être remboursée aux déclarants.

Pourquoi cette loi et quel est son but? Nous le dirons en quelques mots.

Chaque fois que nos tarifs douaniers sont remis en discussion par une demande de relèvement des droits qui frappent à la frontière les produits étrangers, les intéressés emploient tous les moyens à leur portée pour maintenir le *statu quo* qui leur est profitable et pour faire traîner les débats en longueur; dans ce but, la commission des douanes multiplie et prolonge ses séances, et à la Chambre il n'est pas rare de voir la discussion se continuer durant plusieurs mois.

Avertie d'un prochain relèvement des droits, la spéculation profite de ces lenteurs pour introduire dans ses entrepôts des quantités considérables de marchandises qui pèsent nécessairement sur le cours des marchés, les font fléchir et neutralisent l'effet bienfaisant que devaient normalement produire les nouveaux droits au bénéfice de l'agriculture. C'est ce que M. Castelin, au cours de la discussion de la loi sur le cadenas, a fait remarquer à la Chambre, en lui mettant des chiffres précis sous les yeux.

En 1884, quand M. Gruet déposa sa proposition de loi tendant à rehausser les droits de douane, la discussion, commencée le 24 décembre 1884, se prolongea jusqu'au 25 mars 1885. Durant ce long intervalle de trois mois les importations augmentèrent dans des proportions frappantes. En janvier 1884 elles sont de 724 000 quintaux, en janvier 1886 de 428 000 quintaux et en janvier 1885 de 1 152 635 quintaux. M. Castelin ajoute qu'on peut estimer la *surimportation* du blé pendant les trois mois de discussion parlementaire à 1 562 000 quintaux. La baisse qui s'ensuivit fut de 1 fr. 25 par quintal. En multipliant ce dernier chiffre par le total de la production française estimée en quintaux, nous aurons la perte nette que causa cette baisse, conséquence de la surimportation des blés.

En 1887, nouvelle demande de relèvement des droits de douane, mêmes phénomènes dans les entrepôts. La spéculation surimporte 2 228 000 quintaux, et en 1894, quand, de 5 francs qu'il était, le droit monta à 7 francs, la surimportation fut à peu près de 2 millions de quintaux.

Comment s'étonner que le blé ait continué à baisser malgré le relèvement des droits?

Tandis qu'avec la loi du cadenas, il n'en sera plus ainsi. Par simple décret, le gouvernement pourra fermer la frontière à certains produits étrangers, blé, vin, bétail, et autoriser les douanes à prélever sur ces marchandises la majoration de droit qui figure à la proposition de loi demandant augmentation des tarifs douaniers. La spéculation, prise ainsi au dépourvu, n'aura plus, comme par le passé, la même faculté d'introduire avant le relèvement des droits ces énormes quantités de céréales qui causaient en partie la dépréciation de nos produits indigènes.

Cette loi du cadenas répond donc à un besoin pressant. Souhaitons à notre législateur de savoir la bien manier et de protéger par ce moyen le travail de nos campagnes.

Nous terminons ici l'étude des causes qui empêchent trop souvent notre législation douanière de protéger l'agriculteur français contre ses concurrents étrangers. La suppression du rapport fixe entre l'or et l'argent, et la substitution du monométalisme — or ou argent — au bimétallisme, les fissures de notre régime d'admissions temporaires et le trafic auquel se prête les acquits à caution au porteur, l'avilissement du fret par l'assimilation des pavillons et la prime que nos tarifs de pénétration accordent aux produits étrangers, enfin la trop grande liberté laissée à la spéculation d'importer d'énormes quantités de céréales chaque fois qu'il est question de relever les droits d'entrée, tous ces défauts de notre législation agricole, nous l'avons constaté, paralysent l'action de nos tarifs douaniers. Sous le régime du droit gradué, ces défauts ne présenteraient pas la même gravité; nous pensons néanmoins qu'ils seraient encore un sujet de trouble dans les transactions commerciales et l'occasion de nombreuses pertes au détriment de notre agriculture.

On ne saurait donc apporter trop de soin à les étudier dans nos cercles, pour en faire connaître la gravité aux électeurs ruraux.

TROISIÈME PARTIE

RÉFORMES AGRICOLES

CHAPITRE PREMIER

CHAMBRES D'AGRICULTURE

Dans l'état inorganisé du suffrage universel tel que nous en usons sous la troisième République, l'existence des chambres d'agriculture obligatoirement consultées par le gouvernement lorsque quelque projet de loi visant cette branche importante de notre production nationale serait déposé sur les bureaux du Palais-Bourbon, l'existence de ces chambres, disons-nous, aurait une raison d'être toute particulière. L'incompétence des mandataires du pays en fait d'agriculture est notoire; les trois quarts ne sont-ils pas ou avocats, ou médecins, ou publicistes ? Comment s'étonner ensuite que les questions agricoles tiennent une place si restreinte dans leurs préoccupations de législateurs? On rêve, à la pensée que, dans une démocratie, une profession aussi importante que la profession agricole — puisqu'elle compte 26 millions de membres — manque encore d'une représentation officielle, autorisée, qui lui permette de faire entendre ses vœux, ses appréhensions près des pouvoirs publics. Si cette représentation n'avait pas été éliminée, il y a beau temps que la législation agricole consacrée par les principes économiques en vogue et dont les traités de 1861 ont été la plus belle application, aurait vécu et serait reléguée au rang des vieilles lunes. Nous gageons, nous qui vivons au milieu des laboureurs, gens pratiques à l'excès, qu'ils auraient réclamé de leurs mandataires autre chose que des hymnes à la Guyot, sur « le jeu naturel des forces économiques ».

Les classes ouvrières ne sont pas mieux traitées, il est vrai, que les ruraux. Seuls le commerce et l'industrie jouissent d'une représentation légale. Sans nous attarder à raconter aujourd'hui les mauvais tours que les chambres de commerce ont joués à l'agriculture, n'est-il pas permis de trouver étrange une pareille inégalité entre une catégorie de producteurs et une autre ? Le dieu Or, s'il pouvait parler, nous en dirait long à ce sujet.

Depuis longtemps cette préoccupation d'une représentation officielle à donner à l'agriculture, hante le cerveau des politiques de France les plus autorisés et des hommes qui s'intéressent aux besoins des campagnes. C'était en 1889, croyons-nous, que M. Flourens disait à la réunion annuelle des Agriculteurs de France : « Il est absolument certain aujourd'hui que l'agriculture va avoir une représentation officielle. » Sœur Anne a, depuis lors, monté bien des fois sur sa tour légendaire, elle n'a rien vu venir — pardon, — des projets, beaucoup de projets, mais d'exécution, point. — C'est bien dommage que 26 millions de braves gens ne se résignent pas à vivre de promesses, de protestations d'amitié, ils seraient servis si à souhait !

Pour ne pas remonter au déluge, laissons de côté les tentatives faites sous la Restauration en 1819, et sous la Monarchie de Juillet en 1840. Nous nous bornerons à rappeler à ceux qui estiment que la République n'est bonne à rien, — souhaitons qu'il ne s'en trouve pas parmi nos lecteurs — que la seule loi qui ait organisé une représentation de l'agriculture à base élective date du 20 mars 1851. Un organisme aussi vivant et d'une telle souplesse, pouvait-il longtemps être du goût d'un dictateur en appétit? Il était trop simple de le transformer en un rouage complémentaire de cette immense machine administrative que nous avait léguée son oncle pour que Louis-Napoléon n'en essayât pas. Un décret rendu en 1852, le 25 mars, opéra ce changement.

La loi de 1851 décidait que, dans chaque arrondissement, un ou plusieurs comices seraient établis, formés des propriétaires, fermiers, métayers et colons; ils avaient pour mission principale d'élire la chambre départementale d'agriculture. Elle était composée d'autant de membres que le département comprenait de cantons. Elle se réunissait au moins une fois l'an et était obligatoirement consultée sur certaines questions déterminées. Enfin, au-dessus d'elle, siégeait le conseil général d'agriculture avec un nombre de membres égal à celui des chambres départementales. Comme on le voit, cette représentation des intérêts agricoles en méritait le nom. Le décret de 1852 en ruina l'économie en y substituant des chambres consultatives d'arrondissement et un conseil supérieur, avec des membres, non plus élus, mais *nommés par le gouvernement*. C'est encore sous ce régime que nous vivons en droit ; en fait, ces chambres consultatives d'arrondissement ne sont convoquées nulle part, et le décret est resté à l'état de lettre morte. Il a été retouché à plusieurs époques, par arrêtés du 7 janvier 1882, du 25 juillet de la même année, et enfin du 4 mars 1894. Ce dernier arrêté a introduit une innovation importante par la création d'une *commission consultative permanente* choisie parmi les membres du conseil supérieur d'agriculture, avec mission de donner son avis sur toutes les questions renvoyées à son examen par le ministre; à chaque session annuelle du conseil supérieur, elle doit rendre compte du résultat des travaux auxquels elle s'est livrée dans les réunions qu'elle tient chaque mois au ministère. Il ne faut pas trop médire de son rôle : cette commission permanente a rendu des services. Elle ne peut être pourtant la représentation que l'agriculture attend ; il lui manque les trois éléments qui, seuls, constituent une représentation autorisée : *la compétence suffisante, l'intérêt professionnel de ses membres* et *leur qualité réellement professionnelle.*

A côté de cette organisation administrative, il est juste de mentionner l'existence des comices agricoles, des associations libres, particulièrement, l'importante Société des agriculteurs de

France, et surtout des syndicats agricoles dont le développement a été si rapide grâce à l'activité de gentilshommes terriens que « les délices de Capoue » n'ont pas encore énervés. Ces différentes associations constituent une *représentation libre* avec laquelle les pouvoirs publics ont plus d'une fois compté. La Société des agriculteurs de France, notamment, a rendu d'importants services aux ruraux, comme par exemple lorsqu'il s'est agi du relèvement des tarifs douaniers, de la répression de la fraude sur les beurres, en contre-balançant auprès d'hommes politiques en vue, par les pétitionnements dont elle prenait l'initiative, l'influence des chambres de commerce de nos grandes villes maritimes. C'était toujours la vieille lutte qui recommençait entre le libre-échangisme et le protectionnisme; le premier n'en sortit pas à chaque fois vainqueur (1).

Cette représentation libre, non plus que le conseil supérieur d'agriculture tel que le décret

---

(1) Il faut ajouter, si l'on veut se tenir dans la vérité, que cette société, composée des grands propriétaires fonciers de France, a plutôt servi ses propres intérêts qu'elle a eu souvent le tort de confondre avec les intérêts de la *démocratie rurale*. Trop de fois elle a, en effet, passé le croc-en-jambe à la plupart des projets de loi visant les intérêts des petits domaniers, comme par exemple la réforme de l'impôt, l'indemnité de plus-value, etc.

de 1894 en a réglé l'exercice, ne suffisent pas cependant à sauvegarder les intérêts des campagnes. Il existe actuellement cent-dix-sept chambres de commerce et d'industrie jouissant de prérogatives étendues. L'égalité exige que l'agriculture ne soit pas moins bien traitée. L'idée a d'ailleurs gagné énormément de terrain, et nous ne serions pas loin de la vérité, en affirmant que le principe, — nous verrons ce qu'il en est de l'application — en est généralement admis. Trente-cinq conseils généraux, un grand nombre d'associations libres ont émis des vœux dans ce sens. Dès 1889, quatre projets de loi réclamant cette représentation avaient été déposés sur les bureaux de la Chambre par MM. Bouthier de Rochefort, le baron de Ladoucette, Méline et de Pontbriand. En 1896, une nouvelle proposition de loi a été déposée par MM. Méline et de Pontbriand. Elle a été prise en considération, et la commission chargée de l'examiner, s'est déclarée favorable au projet. Il semble donc que la question soit entrée dans une nouvelle phase, et le ministère Méline mériterait les suffrages de tous les ruraux si, avant que cette législature ne prenne fin, il nous accordait la représentation de nos intérêts.

Le projet adopté par la commission s'inspire

de tendances assez libérales. Nous croyons utile d'en examiner les éléments principaux. Nous y joindrons les critiques qu'il nous paraît mériter.

La circonscription de la chambre d'agriculture est l'arrondissement. Les chambres *cantonales* manqueraient de prestige et émietteraient leurs forces. Les chambres *départementales* rendraient souvent difficile à l'élu sa fonction, et peut-être ne représenteraient-elles pas d'une manière assez exacte les intérêts agricoles qui varient quelquefois dans un département par la disparité même de la culture ou du régime de propriété.

Cette disposition nous paraît donc sage.

Les membres des chambres d'agriculture sont *élus* et non nommés.

Sont électeurs : 1° Tous ceux qui résident dans la commune depuis un an au moins et ont pour fonction unique ou principale d'exploiter un fonds rural ou forestier comme propriétaires, usufruitiers, usagers, régisseurs, locataires, fermiers, colons partiaires ou métayers (1).

(1) A notre avis, et conformément à un vœu exprimé en 1889 par la *Société des agriculteurs de France*, il nous paraîtrait que le collège électoral serait mieux éclairé et présenterait au point de vue professionnel plus de compétence pour choisir ses mandataires, si l'on ajoutait au projet Méline-Pontbriand cette dernière disposition : que les diverses catégories d'électeurs sus-indiquées ne seront admis à voter que dans le cas seulement

2° Les ouvriers agricoles s'occupant constamment et exclusivement des travaux agricoles depuis trois ans au moins dans le canton où ils ont élu domicile ou dans les cantons limitrophes, sous la condition qu'ils auront travaillé dans cet intervalle au moins deux ans sans interruption chez le même exploitant.

3° Les propriétaires, usufruitiers ou usagers d'un fonds rural ou des propriétés fruitières qui, depuis un an au moins, possèdent lesdites exploitations et résident dans l'arrondissement de la chambre d'agriculture ou dans les arrondissements limitrophes.

4° Les directeurs, professeurs, titulaires des établissements d'enseignement agricole, horticole, forestier et vétérinaire, ainsi que ceux des stations agronomiques, les professeurs départementaux et spéciaux d'agriculture résidant dans le département, les directeurs d'écoles primaires supérieures et d'écoles primaires avec cours complémentaire d'agriculture *lorsque l'enseignement agricole dans ces écoles est placé sous la direction du ministre de l'agriculture*, et les vétérinaires diplômés (1).

où ils feraient partie ou d'un comice, ou d'une association, ou d'un syndicat agricoles. Pour notre part, nous ne doutons pas que cette disposition barrerait la route aux politiciens.

(1) Nous nous permettrons encore de faire remarquer qu'il

Dans sa dernière session, la Société des agriculteurs de France, par l'intermédiaire de M. Boullaire, a déclaré qu'elle préférait le *statu quo*, c'est-à-dire la représentation libre, inorganisée, telle que la pratiquent comices, associations, syndicats agricoles, à cette représentation que consacre le projet Méline-Pontbriand. « Il est inadmissible, disait M. Boullaire, que l'on reconnaisse aux ouvriers agricoles un droit d'électeur ; leurs intérêts étant opposés aux intérêts des propriétaires et des exploitants, ce serait s'exposer à une lutte de classes. Voyez, ajoute-t-il, ce qui a lieu pour l'élection aux chambres de commerce et d'industrie : on en a exclu un certain nombre de petits commerçants ou industriels, et surtout les ouvriers et tous les employés subalternes ; aussi, nous réclamons pour les chambres d'agriculture l'égalité et nous

serait contraire à l'égalité de ne pas reconnaître le droit d'électeur aux directeurs d'écoles primaires avec cours complémentaire d'agriculture, alors même que l'enseignement agricole dans ces écoles ne serait pas placé sous la direction du ministre. Si l'on accorde ce droit à MM. les instituteurs, pourquoi le refuser aux directeurs des écoles libres ? Ces écoles ne sont-elles pas légales au même titre que les écoles communales ?
Ce serait peut-être aussi le moment de rappeler les efforts qui ont été tentés par certaines congrégations enseignantes pour organiser dans les écoles primaires l'enseignement agricole, et de montrer ce qu'il y aurait par suite de mesquin à écarter de l'exercice d'un droit une catégorie de professionnels, en s'inspirant de misérables préoccupations d'anticléricalisme.

n'admettrons jamais qu'on les traite autrement que les chambres de commerce. »

L'honorable M. Boullaire n'est pas logique : pourquoi accorder une représentation aux uns et la refuser aux autres : toutes les professions et, dans ces professions, tous les éléments professionnels ayant des intérêts en cause, il ne serait pas juste de permettre que les uns fussent représentés à l'exclusion des autres ; voilà plutôt ce qui blesserait la justice et détruirait l'égalité. Aussi, sur ce point, nous nous séparons nettement des Agriculteurs de France et nous adhérons pleinement au principe qui domine les dispositions du projet Méline relativement à l'électorat des ouvriers agricoles, sauf à y introduire quelques variantes de détail (1).

L'âge requis pour l'électorat est fixé à vingt-cinq ans révolus, et pour l'éligibilité à trente ans. Disposition très juste, les femmes remplissant les conditions énumérées plus haut sont électeurs mais elles ne sont pas éligibles.

Les chambres se réunissent au moins deux fois par an; leurs sessions ne peuvent se prolonger au delà de huit jours. Toutes les chambres d'un département peuvent être

(1) Voy. *Démocratie chrétienne*, octobre 1896. Les Associations agricoles, par B. de l'Aubépine.

9.

réunies au chef-lieu sur l'ordre du ministre.

Leur rôle est purement consultatif. Nous aurions préféré, avec M. de Pontbriand, qu'on leur permît de remplir un rôle actif comme « fonder, administrer, gérer des établissements au service et à l'usage de l'agriculteur, tels que crédit agricole, entrepôts réels, appareils d'outillage agricole, magasins généraux, salles de vente, musées agricoles, écoles d'agriculture, écoles professionnelles, cours pour la propagation de connaissances agricoles, expositions, — déterminer après homologation du ministre de l'agriculture, les tarifs ou règlements de ces établissements ou institutions. » Mais ici encore la commission s'est laissée arrêter par des craintes chimériques ; les intérêts de l'agriculture ont été sacrifiés à la politique.

A côté des chambres d'agriculture et au-dessus d'elles siège un conseil supérieur chargé de coordonner leur action en la centralisant. Ce conseil est composé de 17 membres élus par les chambres d'agriculture à raison d'un par département et de 29 ou 30 membres nommés par le gouvernement. Nous regrettons cette dernière disposition qui, elle aussi, s'inspire plus de la politique que de la liberté, en mêlant à l'élément professionnel l'élément officiel.

Les autres dispositions du projet visent des points secondaires, la durée du mandat, la confection des listes électorales, la forme et la procédure des élections, etc.

Avant de terminer cette rapide étude sur les chambres d'agriculture, il est de notre devoir de mentionner une institution libre dont la fondation honore grandement les hommes qui en ont pris l'initiative. Nous ne savons pas d'ordinaire mettre à profit les libertés qui nous restent acquises, et par le fait d'un vice de notre éducation nous poussons jusqu'à l'absurde cette manie de tout attendre de la bienveillance des pouvoirs publics, de l'*État-Providence*, manie qui nous rend incapables d'agir tant que la loi n'a pas sanctionné les réformes que nous appelons de nos vœux. L'initiative prise par nos amis du Dauphiné n'en apparaît que plus digne de nos félicitations et de nos encouragements.

Pourquoi attendre que l'État ait donné place dans la législation aux chambres agricoles ? Tout ce qui n'est pas défendu est permis ; allons de l'avant, donnons l'exemple, créons cet organe qui nous manque en attendant qu'une loi vienne le consacrer en lui donnant un caractère officiel. C'est ainsi que l'ont compris nos amis du Dauphiné. Dans une réunion tenue à Valence le

13 mai dernier, sur l'avis de M. de Gailhard-Bancel, un des hommes de notre pays, le plus actif et le plus dévoué à l'agriculture, les quarante syndicats agricoles des trois départements, l'Isère, la Drôme et les Hautes-Alpes ont décidé de constituer une représentation libre sous le nom de « Chambre agricole du Dauphiné ».

Il serait assurément très souhaitable qu'on agît de même ailleurs, pour éclairer et guider l'opinion de la démocratie rurale et aussi bien pour fixer l'attention du gouvernement. C'est peut-être une étape à franchir, avant d'arriver à la chambre d'agriculture légale.

CHAPITRE II

CONSEILS DE PRUD'HOMMES AGRICOLES

L'esprit de chicane est l'un des traits caractéristiques du paysan. Pour un rien, il en appelle à la décision du juge de paix.

Si encore, il s'en tenait là dans ses revendications de justiciable ! Mais n'est-ce pas demander l'impossible ? Quiconque intente une action s'est vite persuadé qu'il avait raison, et que l'adversaire avait tort. A défaut de conviction personnelle il rencontrera malheureusement de ces avocats de campagne qui ont mal lu un mauvais « guide d'affaires » et qui ne doutent plus ensuite de leur compétence juridique, ou quelquefois même des hommes de loi chez qui les préoccupations du métier, de la fortune, l'emportent sur le souci de la justice. Nourris les uns et les autres dans l'amour de la chicane, ils n'hésiteront que trop rarement à conseiller à leur client de se pourvoir devant une juridiction supérieure. Les procès durent ainsi de longs mois, souvent même des années, les frais s'accumulent et les familles se ruinent.

A supposer encore que cet esprit de chicane n'existât pas, il résultera toujours, des rapports mutuels que les hommes sont forcés d'avoir en société, qu'il faudra recourir à l'arbitrage d'un tiers pour fixer le droit de chacun dans les mille circonstances de la vie ordinaire où ce droit a besoin d'être précisé et mis au point.

Dans ces conditions, nous demandons pour les travailleurs de la terre une *juridiction professionnelle* analogue à celle qui fonctionne dans les villes sous la dénomination de conseils de prud'hommes.

La juridiction professionnelle est, de toutes, la plus parfaite, parce qu'elle est généralement la plus compétente. Être jugé par ses « pairs » semble être une des conditions requises pour arriver à la rectitude du jugement à rendre. Et voilà pourquoi, dans la plupart des affaires courantes, les tribunaux recourent à des hommes spéciaux, ordinairement « de la partie », appelés experts, sur le rapport desquels ils établissent leurs conclusions. N'est-ce pas quelque chose que cette compétence? Ce n'est pourtant pas l'unique avantage que présentent les conseils de prud'hommes. *Le fonctionnement en est rapide* ;

à l'ouvrier agricole, au fermier et au métayer, qui trop souvent vivent au jour le jour, il importe que justice soit rendue promptement. Il est trop évident que leur intérêt, quelquefois même l'exercice de leur profession et par suite leur existence en dépendent.

La procédure d'autre part n'en est pas ruineuse comme celle des tribunaux ordinaires, elle ne coûte presque rien, les juges ne s'y faisant pas payer grassement.

Enfin, on y cherche à concilier les parties plutôt qu'à les exciter mutuellement, et ainsi sont prévenus un grand nombre de différends.

Pour toutes ces raisons, il n'est personne qui n'admette la supériorité de ces conseils de prud'hommes sur les justices de paix pour trancher les affaires courantes, et c'est aussi pourquoi nous inscrivons à notre programme la faculté pour les ruraux de posséder comme leurs camarades des villes cette juridiction professionnelle si simple.

La circonscription naturelle du conseil de prud'hommes nous semble être le *canton*. Nous n'hésiterions pas cependant à demander une subdivision dans les cas assez fréquents où le canton aurait une circonscription trop vaste.

Tous les laboureurs, propriétaires, fermiers, métayers, colons, ouvriers agricoles seraient justiciables du conseil de prud'hommes toutes les fois que leurs contestations porteraient sur des affaires relatives à l'agriculture ou aux conventions dont cette branche d'industrie peut être l'objet. — Les jugements rendus seraient définitifs et sans appel lorsque le chiffre de la demande n'excéderait pas une somme de... à fixer.

Nous ne pouvons entrer ici dans tous les détails d'organisation ; pour ce qui regarde l'électorat, l'éligibilité, la composition du bureau, les frais de jugements, etc., le lecteur devra se reporter aux lois déjà existantes qui régissent cette matière (1). Nous nous bornons à réclamer pour les ruraux un traitement égal à celui des ouvriers de l'industrie et du commerce.

Nous devons noter en terminant, et nous le faisons avec satisfaction, que dans un certain nombre de syndicats agricoles, l'initiative privée a établi des commissions de contentieux chargées d'indiquer à leurs clients la marche à suivre dans les procédures ordinaires, — et des con-

---

(1) Voy. dans *les Lois sociales*, par Chailley-Bert, les décrets et lois relatifs aux conseils de prud'hommes fonctionnant dans les villes.

seils de conciliation dans le but de prévenir les chicanes, et de mettre fin aux differends qui s'élèvent entre ruraux... quand ceux-ci consentent à se soumettre à cet arbitrage syndical (1).

(1) Les conseils de prud'hommes ont existé autrefois. Au moyen âge, « ils avaient pour mission de gouverner les biens, les faiz, les droits, les usages, les coutumes et les franchises » des habitants d'une commune. Ceux-ci pouvaient d'ailleurs les changer « toutes et quantes fois, comme il leur plaisait et bon leur semblait ». Autrement dit, dès ce temps-là les prud'-hommes étaient élus.

CHAPITRE III

OFFICIERS MINISTÉRIELS ET LES RURAUX

A quelqu'un qui n'est pas de la partie, il est difficile de poursuivre ses investigations très loin dans les affaires des officiers ministériels. On sait seulement d'une manière générale que des fraudes se commettent dans les « études » de notaires, d'avoués, dans les « charges » de greffiers, d'huissiers, fraudes d'autant plus graves qu'elles se dérobent sous des airs prud'hommesques de légalité et qu'un *certain nombre* de ces messieurs, investis par leur profession d'un pouvoir considérable, se font un métier de « rouler » les malheureux clients qui réclament leurs services. L'honneur autrefois tenait une plus large place dans les professions libérales ; on y recherche aujourd'hui, par-dessus tout, le lucre ; n'est-ce pas du reste une loi quasi générale dans notre société matérialisée ? Il faut arriver à « brasser des affaires » et si la qualité de l'étude ou de la charge n'y contribue pas, alors on s'y prend d'une autre manière. Un officier ministériel, pour peu qu'il soit débrouillard, arrivera à ses fins avec une étonnante facilité.

Il existe dans le notariat un moyen facile de frauder le client « en tirant au rôle ». A voir la longueur de certains actes notariés, les badauds peuvent encore croire à la science et à la conscience de celui qui les a rédigés ; le client moins naïf se demande à quoi servent ces développements qui n'en finissent jamais sur l'*origine de propriété* et les *descriptions* de l'objet soumis à l'acte. La réponse est d'une simplicité évidente. Le notaire est prolixe par intérêt : il aurait pu réduire des trois-quarts souvent sa rédaction, mais en « tirant au rôle », c'est-à-dire, en multipliant les feuilles de papier timbré, les lignes d'écriture, — car la page d'un rôle contient un nombre *déterminé* de lignes en *grosse* écriture, — il a multiplié les rôles, et chaque rôle se paie ou 1 fr. 50 ou 2 fr. 50 suivant la classe à laquelle le notaire appartient. Bénéfice facile pour lui ; pour le client, au contraire, fraude légale.

C'est surtout dans la rédaction des inventaires, à l'ouverture d'une succession où figurent des mineurs ou des absents, qu'un notaire peut facilement « en découdre ». Il doit alors procéder à l'analyse des papiers, des titres, énumérer au long et au large ce qui rentre dans la succession, et comme, encore une fois, la concision va à l'encontre de ses intérêts, il arrive à barbouiller des pages et des pages de papier et à dresser un total d'honoraires considérable. Un de nos amis, très au courant du métier, puisqu'il l'avait pratiqué pendant plus de trente ans, nous disait dernièrement que l'inventaire était considéré dans le notariat comme la « clef des affaires », et pour mieux nous expliquer sa pensée et nous en convaincre, il nous ajoutait qu'il avait rédigé des inventaires à 12 francs pour lesquels il aurait pu réclamer avec moins de conscience et tout aussi légalement une somme quatre fois plus élevée. Nous n'eûmes pas de peine à nous rendre à son avis ; nous avions compris que le notaire, s'il était malhonnête, avait à sa disposition une clef pour détrousser ses clients.

Un notaire, quand il ne veut pas user du tarif à droits proportionnels, a toujours la faculté de procéder par vacation. La vacation est un laps de temps de trois heures. Elle est ordinairement payée 4 francs aux notaires de troisième classe, et 8 francs aux notaires de première. A eux de choisir la meilleure méthode de rendement et de s'en servir ensuite. Or, quand ils doivent quitter leur étude et opérer au loin et sur place, nul doute que la vacation ne soit plus avantageuse; car les heures de déplacement entrent en ligne de compte; et de même qu'il est facile de « tirer au rôle », il est facile de « tirer à la vacation ». Il suffit de n'être pas pressé, de disserter sur des choses inutiles, ou plus simplement d'aimer à caresser la paresse.

Signaler ces désordres, hélas, trop fréquents, est une chose aisée. Nous croyons impossible d'arriver à les supprimer entièrement.

Il y aurait pourtant une réforme à introduire dans la réglementation des tarifs. Ce sont les chambres de notaires qui les rédigent elles-mêmes et y pratiquent les changements de leur goût. Elles font ces rédactions, et établissent des prix un peu en proportion de la richesse locale. Ne serait-il pas mieux que les notaires fussent astreints à suivre un tarif régional par ressort de cour d'appel, homologué par elle et avec sanction? C'est là un projet soumis à l'étude. Nous avons peine à croire qu'il aboutisse, les notaires étant trop directement intéressés à ne rien changer à ce qui existe.

Si nous parlons des notaires, ce n'est pas que les autres officiers ministériels n'abusent, eux aussi parfois, de leurs fonctions pour surcharger leurs clients obligés de frais inutiles. Dans une multitude de cas, les huissiers, les greffiers établissent un tarif à leur gré : apposition des scellés, lever des scellés, taxe du gardien des scellés, cires, bandes, vacations aux juges de paix, que de frais souvent inutiles, que d'actes qui, au lieu de protéger les familles, deviennent pour elles de lourdes charges ! Était-il donc nécessaire, ainsi que le remarque judicieusement Le Play, « de poser en principe que les officiers publics offrent plus de garanties que la famille, — ou les amis — pour la conservation du bien des mineurs », par exemple ? Qu'il suffise de renvoyer le lecteur à ce que nous avons dit des frais qu'occasionne la vente de certains immeubles pauvres, et il sera alors suffisamment édifié sur le compte de cette sollicitude onéreuse dont nous entoure trop souvent le législateur français.

Messieurs les avoués méritent à leur tour une mention pour la cherté extraordinaire de leurs « conclusions ». Dans la moindre affaire, pour une page d'écriture qui, à se bien serrer, et en retranchant les longues formules inutiles, se réduirait facilement d'un quart, le malheureux client arrive vite à redevoir une bagatelle de 100 francs s'il a la réputation d'être solvable.

Les « états de frais » de l'avoué passent généralement ou devraient passer sous l'œil du président de chambre ou de cour, mais ce serait une naïveté de s'imaginer que les présidents en question dépensent leur temps précieux à dépouiller et à vérifier les comptes de leurs avoués. Un architecte en agirait de même avec son entrepreneur parce qu'il trouve son avantage à défendre les intérêts de son client propriétaire, mais que peut bien faire à un président de chambre que le justiciable paie quelques monacos en plus à son avoué ? Il est donc juste de dire que les avoués dressent leurs « états de frais » à leur guise, suivant leur conscience et la..... solvabilité du client ou la prospérité générale de la contrée qu'ils habitent.

Nouveau truc commun aux notaires, aux huissiers et aux avoués :

La loi ordonne la publication de certaines opérations judiciaires, et d'autres fois les particuliers, quand il s'agit de ventes de meubles ou d'immeubles, ont avantage à faire le plus de publicité possible. Les journaux, comme bien l'on pense, sont friands de ces publications légales et de ces annonces ministérielles qui composent le plus clair de leurs bénéfices. Mais les journaux abondent ; et avoués, notaires, huissiers, n'ayant que l'embarras du choix pour l'insertion de leurs annonces, les donnent aux feuilles qui leur font les conditions les plus avantageuses. Personne ne songerait à s'en plaindre si les réductions offertes par les imprimeurs profitaient à de pauvres mineurs, par exemple. Il n'en est rien. Bien que la loi le leur interdise, les officiers ministériels dont nous parlons encaissent ces réductions ; or, comme il n'est pas rare qu'elles atteignent 40 ou 50 p. 100, et que, d'autre part, l'insertion est, de sa nature, très coûteuse, le client qui paie la note entière de l'imprimerie subit un accroissement de frais dont s'enrichit à ses dépens l'officier public qu'il avait chargé de la défense de ses intérêts.

CHAPITRE IV

MARCHÉS A TERME

La spéculation a pour effet de prévoir le cours des denrées. On l'a dit avec justesse, elle est l'âme du commerce. Quand elle se pratique en toute honnêteté, elle a pour résultat d'assurer les approvisionnements, de niveler les prix, et d'éviter à l'acheteur l'ennui d'emmagasiner la marchandise achetée en attendant qu'il la vende (1).

Le marché à terme n'est qu'une des formes de la spéculation. Il est donc en soi honnête, et s'impose souvent en matière commerciale. Un marchand achète 1 000 quintaux de blé au cours du jour, mais livrables à sa volonté à un mois, deux mois ou plus. Il a fait cela, parce que la connaissance qu'il a des affaires lui donne à penser que les cours vont remonter prochainement. C'est là une transaction parfaitement honnête.

(1) Cf. P. Antoine, *Cours d'économie sociale*, p. 341.

Mais dans le marché à terme les transactions sont loin d'être toujours fermes, réelles, c'est-à-dire de s'effectuer par la livraison des marchandises qui font l'objet du contrat de vente. Il arrive le plus souvent, neuf fois sur dix d'après les statistiques courantes, qu'elles ne sont que fictives, qu'elles se règlent par les différences entre les cours du jour où l'on a passé le contrat et sa date de liquidation : de livraison, il n'en est pas question. Ce n'est plus alors une spéculation commerciale à proprement parler, mais un jeu, un pari, et de là aux malhonnêtetés commerciales, il n'y a plus qu'un pas à faire. Cette manœuvre s'appelle l'agiotage, elle produit une hausse ou une baisse artificielle et trouble ainsi les relations du monde commercial.

« Dans le marché à prime, l'acheteur se réserve le droit d'annuler son marché à une époque déterminée moyennant l'abandon au profit du vendeur d'une indemnité appelée *prime*. L'acheteur renonce au marché par l'abandon de la prime, ou bien on dit qu'il *lève*. Si au moment fixé pour la réponse des primes l'acheteur se tait, la prime est considérée comme abandonnée. Cet achat à prime est donc un achat *conditionnel* ; il ne devient *définitif*, c'est-à-dire ferme, que si l'acheteur déclare au vendeur qu'il le maintient. Par conséquent, en achetant à prime on ne peut jamais, quoi qu'il arrive, risquer plus que le montant de la prime.

« C'est la veille de la liquidation, à une heure et demie précise, que l'acheteur doit déclarer au vendeur s'il lève le titre (maintient le marché) ou s'il abandonne la prime (annule le marché); c'est ce qu'on appelle donner la *réponse des primes*.

« Il est évident que le marché à prime, est bien plus que le marché ferme, un signe d'agiotage ; cette prime n'est autre chose qu'une différence évaluée à l'avance, un forfait (1). »

Après l'examen de ces notions préliminaires, le lecteur se rendra aisément compte des troubles que l'agiotage proprement dit peut introduire dans les affaires. Le régime de « concurrence naturelle et libre du commerce » résultant du jeu des activités individuelles et sous lequel nous sommes censés vivre, ce régime-là n'est qu'un leurre. Les bourses du commerce où se négocient les affaires sont loin d'être libres ; elles subissent l'influence de syndicats financiers internationaux qui réussissent à établir les cours

---

(1) Cf. P. Antoine, ouvrage cité, p. 338.

à leur gré et provoquent par des manœuvres déloyales, des réclames mensongères, par tout ce que l'on est convenu d'appeler « des bruits de bourse », de véritables paniques sur le marché agricole. Autrement comprendrait-on que notre droit de douane de 7 francs ne produise pas son effet naturel ? Et c'est cependant ce qui a lieu puisque entre les marchés *libres* des autres nations comme l'Angleterre et notre marché français *protégé*, la différence de prix qui devrait être de 7 francs par quintal n'est que de 3 ou 4 francs !

Mais ici une objection surgit dans l'esprit du lecteur : « Quel intérêt le vendeur a-t-il à spéculer à la baisse ? » — Aucun, semble-t-il. A regarder de près, on constate le contraire. Prenons le cas d'un spéculateur qui a vendu le 1er janvier 100 quintaux de blé à 20 francs, livrables le 1er février suivant :

Le marché est-il fictif, c'est-à-dire se solde-t-il par le règlement des différences ? Si le vendeur parvient à provoquer une baisse d'un franc par quintal, l'acheteur lui sera redevable de la différence qui existe entre le prix de 20 francs convenu dans le marché passé le 1er janvier, et le prix de 19 francs qui est le cours existant au 1er février, époque de la liquidation. Le vendeur a donc gagné 100 francs en spéculant à la baisse.

Le marché est-il au contraire réel, c'est-à-dire, se solde-t-il par la livraison de la marchandise, si le vendeur parvient encore à provoquer une baisse d'un franc par quintal, il peut acheter à 19 francs pour revendre aussitôt au prix convenu de 20 francs. D'où un même bénéfice de 100 francs — Ou bien encore, dans cette même hypothèse d'un marché à terme réel, le vendeur peut consentir à perdre, en livrant par exemple 1000 quintaux de blé, s'il a en même temps passé des marchés fictifs dix fois plus considérables, et si cette livraison de 1000 quintaux de blé, en amenant une suroffre sur le marché, détermine une baisse dont il profitera à la liquidation de ses marchés fictifs.

Cette objection résolue, comment apprécier la moralité de ces actes d'agiotage international qui font perdre des millions aux agriculteurs d'un pays entier, et aussi comment les réprimer ?

Nous sommes loin, on le voit d'après ce que nous venons de dire, de « cette concurrence naturelle et libre » qui, selon les économistes de 89, devaient engendrer l'harmonie et la moralité des transactions commerciales. Au lieu d'être une règle, elle nous apparaît comme une source de malhonnêtetés ; aussi bien que la trop fameuse liberté du travail, cette prétendue liberté du commerce est un mensonge odieux, puisqu'elle permet à un syndicat de la haute finance, et à des agioteurs sans foi ni loi d'opprimer les faibles et les consciencieux.

Cet état de choses, qu'on pourrait appeler avec raison un brigandage légal, ne peut durer plus longtemps dans une nation qui se prétend civilisée. L'expérience semble définitive. La loi du 28 mars 1885, en déclarant que « tous marchés à terme sur effets publics et autres, tous marchés à livrer sur denrées et marchandises sont reconnus légaux », a été une prime à la malhonnêteté et une cause de décroissance pour notre agriculture, comme d'ailleurs pour notre commerce. Il faut faire machine arrière, et sans mettre d'entrave à la liberté du commerce, armer suffisamment le bras de la justice pour qu'elle puisse atteindre toutes les manœuvres frauduleuses en vue de porter atteinte au droit d'autrui. A cet effet la loi de 1885 doit être rapportée, et l'article 419 du Code pénal doit établir d'une manière aussi précise que possible les cas délictueux qui ressortissent aux tribunaux.

L'article 1er de la loi du 28 mars 1885 est ainsi conçu :

« Tous marchés à terme sur effets publics et

autres, tous marchés à livrer sur denrées et marchandises sont reconnus légaux. Nul ne peut, pour se soustraire aux obligations qui en résultent, se prévaloir de l'article 1965 du Code civil lors même qu'ils se résoudraient par le paiement d'une simple différence (1). »

Et l'article 419 du Code pénal : « Tous ceux qui par des faits faux ou calomnieux semés à dessein dans le public, par des suroffres faites aux prix que demandaient les vendeurs eux-mêmes, par réunion ou coalition entre les principaux détenteurs d'une même marchandise ou denrée, tendant à ne pas la vendre ou à ne la vendre qu'à un certain prix, ou qui par des voies ou moyens frauduleux quelconques auraient opéré la hausse ou la baisse des prix de denrées ou marchandises ou des papiers et effets publics au-dessus et au-dessous des prix qu'auraient déterminés la concurrence naturelle et libre du commerce seront punis d'un emprisonnement d'un mois au moins et d'un an au plus et d'une amende de 500 à 10000 francs. »

Cet article du Code pénal est resté à l'état de lettre morte, et il ne pouvait pas en être autre-

---

(1) L'article 1965 du Code civil est ainsi conçu : « La loi n'accorde aucune action (en justice) pour une dette de jeu ou pour le paiement d'un pari. »

ment d'après sa teneur même. Si le demandeur, pour prouver qu'il y a eu, dans un cas donné, contravention à la loi, est obligé d'établir les prix qu'aurait amenés « la concurrence naturelle et libre du commerce » en regard de la hausse ou de la baisse des prix artificiellement provoquée par une manœuvre quelconque, autant vaut dire tout de suite que la loi n'aura pas d'effet et ne protégera pas le marché. C'est exiger l'impossible de celui qui a subi un dommage et c'est par contre-coup assurer l'impunité du coupable.

Voilà pourquoi nous estimons qu'il y a lieu de retoucher et notre législation civile et notre législation pénale. M. Rose, député du Pas-de-Calais a déposé dans ce but la proposition de loi suivante que nous engageons nos lecteurs à étudier :

Article premier. — Tous marchés à terme sur effets publics et autres sont reconnus légaux. Nul ne peut, pour se soustraire aux obligations qui en résultent, se prévaloir de l'article 1965 du Code civil, lors même qu'ils se résoudraient par le paiement d'une simple différence. Les marchés à livrer sur denrées et produits agricoles ne seront reconnus licites que s'ils ont eu pour but et pour objet la livraison réelle de ces produits au terme fixé par la convention. Tous autres marchés de cette nature sont assimilés, au point de vue civil, aux dettes de jeu et aux paris.

Art. 2. — L'article 419 du Code pénal est ainsi modifié :

« Tous ceux qui par des faits faux ou calomnieux semés à dessein dans le public, par des suroffres faites aux prix que demandaient les vendeurs eux-mêmes, par réunion ou par coalition entre les principaux détenteurs d'une même marchandise ou denrée tendant à ne pas la vendre ou à ne la vendre qu'à un certain prix, ou qui par des voies ou moyens frauduleux quelconques (ou par des spéculations *fictives* sur denrées et produits agricoles reconnues illicites), auront opéré la hausse ou la baisse du prix des denrées, ou marchandises, ou des papiers et effets publics, seront punis d'un emprisonnement d'un mois au moins et d'un an au plus et d'une amende de 500 à 10 000 francs. »

CHAPITRE V

L'IMPOT FONCIER

§ 1ᵉʳ. — ÉTUDE PRÉLIMINAIRE SUR L'IMPOT.

Il existe en France, tout le monde le sait, quatre contributions directes : « la contribution *foncière* (propriétés bâties et non bâties), basée sur le revenu net de chaque propriété ; — la contribution *personnelle mobilière,* qui frappe la fortune mobilière en la présumant d'après le loyer d'habitation ; — la contribution des *portes et fenêtres*, établie sur les portes et fenêtres donnant sur les rues, cours ou jardins, sur les portes cochères et celles des magasins ; — la contribution des *patentes*, qui est réglée d'après l'importance relative de la profession et la valeur locative des locaux occupés par le patenté. »

Il existe à côté des contributions directes, d'autres taxes appelées *taxes assimilées*, parce qu'elles sont perçues comme les précédentes en vertu de rôles nominatifs. Elles sont recouvrées, les unes au profit de l'État, les autres au profit des départements, communes, établissements publics et communautés d'habitants (1).

Les contributions directes se divisent en impôts de répartition et en impôts de quotité. On appelle impôts de répartition ceux dont la *somme totale* a été fixée préalablement et se répartit entre départements, arrondissements, communes et contribuables. Les impôts de quotité sont ceux dont la *part individuelle* a été fixée d'avance et dont la somme n'est que le produit des parts individuelles. Dans les impôts de répartition le contingent assigné à chaque commune doit se retrouver immanquablement : il y a solidarité entre les contribuables. Ce que les uns ne paient pas par défaut de solvabilité, c'est-à-dire les non-valeurs, les réductions, les décharges sont réimposées (il existe des centimes additionnels dont le produit supplée aux pertes provenant des non-valeurs).

La contribution foncière se divise en deux catégories : la contribution foncière non bâtie,

---

(1) Les deux taxes *communales assimilées* aux contributions directes et contrôlées par la même administration sont : la taxe des prestations et la taxe sur les chiens. Ces deux taxes sont prélevées pour les *communes* seules, tandis que les quatre autres profitent à la fois à l'*État*, aux *départements* et aux *communes*.

et la contribution foncière bâtie. L'une et l'autre se subdivisent à nouveau en deux parties, la *principale* et l'*accessoire*, dénomination peu heureuse puisqu'il arrive souvent, nous en reparlerons, que l'*accessoire* dépasse de beaucoup la *principale*.

La contribution foncière des propriétés bâties et non bâties a été établie à l'origine sous la forme d'impôts de répartition. Seule aujourd'hui la contribution foncière non bâtie rentre dans la catégorie des impôts de répartition. La loi du 8 août 1890 a fait de la contribution foncière bâtie un impôt de quotité.

La contribution foncière (bâtie et non bâtie) atteint par égalité proportionnelle le revenu net imposable de toutes les propriétés immobilières à l'exception de quelques-unes spécialement déterminées, dans l'intérêt de l'agriculture ou offrant un caractère d'utilité publique (1).

Pour la propriété non bâtie le revenu net est celui qui revient au propriétaire, après déduction des frais de semences, cultures, récoltes et entretien. Le revenu imposable est le revenu net calculé sur une moyenne des quinze années

---

(1) Lois : 3 frimaire an VII (art. 103 et 105, 111 à 116). Décret 11 août 1808. Loi 18 juin 1859 (art. 226). Loi du 8 mai 1869 art. 7), 4 avril 1882, 1ᵉʳ décembre 1887.

antérieures à l'évaluation, déduction faite des deux plus fortes et des deux plus faibles. Les Chambres votent le montant de l'impôt foncier sur la propriété non bâtie et la loi annuelle des finances l'établit par département.

Le *conseil général* détermine la part de chaque arrondissement.

Le *conseil d'arrondissement* règle la part de chaque commune.

Le conseil de répartition répartit l'impôt entre les contribuables des communes.

Ceci pour le principal.

S'il y a insuffisance de ressources, on a recours aux centimes additionnels. — Les centimes additionnels se divisent en *ordinaires* et *extraordinaires*. C'est à l'État de juger de la destination des *centimes ordinaires*.

Les *centimes extraordinaires* servent à parer à certaines nécessités temporaires de l'État, des départements ou des communes; ils sont appelés, suivant les cas, *généraux*, *départementaux* et *communaux* et sont votés par le *Parlement* ou le *conseil général*, ou le *conseil municipal*.

Le revenu imposable de la propriété bâtie, d'après la loi du 15 septembre 1807, est évalué d'après : 1° la superficie, et alors le revenu en est calculé sur le pied des meilleures terres labourables ; 2° l'élévation, d'après la valeur locative, déduction faite de l'estimation de la superficie. — Le revenu net imposable des propriétés bâties est déterminé d'après leur valeur locative sous la déduction d'un quart de cette valeur locative, en considération du dépérissement et des frais d'entretien et de réparations (1).

Ceci dit pour faciliter l'intelligence de ce qui va suivre, nous abordons la question proprement dite de la réforme de l'impôt foncier.

§ 2. — CHARGES GÉNÉRALES PESANT SUR L'AGRICULTURE.

En 1885, le 10 février, M. Méline, alors ministre, recherchant les charges que supportait l'agriculture, comparées aux charges des autres branches de l'industrie, s'exprimait ainsi à la tribune de la Chambre des députés : « Le calcul a été fait par bien des économistes. J'ai prié le

---

(1) Pour ce qui regarde les dispositions particulières des différentes lois fixant le procédé d'évaluation et les exemptions de certaines propriétés bâties, voir le *Dictionnaire des percepteurs*, nouvelle édition par MM. Blanchon et de Celles, à qui nous avons emprunté la plus grande partie de ces renseignements.

directeur de l'agriculture de refaire le travail. Il y a consacré un mois entier en rapprochant les chiffres du budget. Les charges qui pèsent *directement* sur l'agriculture pour un revenu de 2645 millions s'élèvent à 611 434 420 francs, soit 25 p. 100, tandis que la propriété urbaine, dont le revenu est de 2 milliards, paie environ 340 millions ou 17 p. 100 ; la propriété mobilière, qui sur un revenu de 3 285 millions paie 165 millions, n'est grevée que de 4 p. 100 ; le commerce et l'industrie sur un revenu de 2 740 millions, paient 358 millions, ce qui représente 13 p. 100. Si aux 25 p. 100 des charges qui pèsent *directement* sur l'agriculture on ajoutait les *impôts de consommation* que l'agriculture paie comme un autre, ce serait 33 p. 100 de son revenu. »

Dans un autre camp, on proteste hautement contre l'exagération de semblables assertions. Voici, par exemple, M. Daniel Zolla. Il observe une autre méthode que M. Méline, mais vous allez voir aussi à quels résultats tout à fait différents il arrive.

Distinguons, dit M. Zolla, entre : 1° les charges qui pèsent sur la *propriété rurale* bâtie et non bâtie; 2° les charges fiscales de l'*agriculture* (et par là il entend tous les impôts en plus de ceux qui atteignent la propriété rurale bâtie et non bâtie).

L'impôt foncier sur les deux propriétés (bâtie et non bâtie) est de..........	269 millions.
La contribution des portes et fenêtres pour les habitations *rurales* est de..	17 —
Le total des charges de la *propriété rurale* est donc de.................	286 millions.

Voilà pour ses charges.

Voyons à présent son revenu.

D'après l'enquête agricole de 1882 le revenu net de la propriété *rurale* non bâtie était de 2 645 millions. Mais soyons bon prince. Ce revenu n'existe plus ; diminuons-le de 25 p. 100 et accordons qu'il ne soit plus aujourd'hui que de 1 984 millions. Ajoutons-y le revenu net des *propriétés bâties* attachées aux domaines ruraux ; la dernière enquête l'estimait à 190 millions de francs. Ici, M. Zolla prend sa revanche de la générosité de tout à l'heure. Cette estimation est trop faible, et, sans plus de motifs, « portons-la à 350 millions », nous dit-il ; ainsi nous arrivons à cette conclusion que la *propriété* rurale supporte une charge d'impôts normale, soit 12 p. 100 de son revenu.

Ce serait déjà beaucoup ; mais, à notre sens, les calculs de l'honorable chroniqueur du *Journal des débats* sont défectueux par plusieurs endroits. On se demande tout d'abord qui ou quoi l'autorise à majorer de 190 millions à 350 millions le revenu net des bâtiments ruraux. C'est là un joli saut, et, chose étrange, M. Zolla n'a pas l'air de s'en apercevoir. — On constate de plus qu'il n'a pas énuméré toutes les charges qui pèsent sur la *propriété rurale*, par exemple, les impôts de mutation et de transmission qui s'élèvent à 163 millions, peut-être même les droits de timbre dont le produit est de 96 millions, et qui, dans la classification très drôle admise un peu arbitrairement par M. Zolla, nous paraissent atteindre très ordinairement la *propriété rurale*.

Si l'on tient compte de ces réserves, nous arrivons dans la classification de M. Zolla, comme dans l'enquête organisée par M. Méline, à établir que la *propriété rurale* paie 25 p. 100 de son revenu.

Et si, continuant la méthode et usant des chiffres de M. Zolla :

Revenu net des *propriétaires*............	2 048.000 fr.
Profits des *exploitants*................	867.000 —
Gages et salaires......................	4.150.000 —
Nous obtenons pour total des revenus nets des *personnes agricoles*..........	7.065.000 fr.

Les charges de ces mêmes personnes sont :

Contribution personnelle-mobilière...	55	millions.
Taxes assimilées. Chevaux et voitures.	6	—
Prestation en nature et en argent.....	50	—
Boissons............................	65	—
Autres impôts indirects........	118	—
Douanes............................	100	—
Produit des monopoles..............	106	—
Total des charges pesant sur les *personnes agricoles*...................	500	millions.

Comparés aux revenus de même nature, ces charges représentent donc 7 p. 100.

Additionnons maintenant les charges qui pèsent sur la *propriété rurale* et celles qui pèsent sur les *personnes agricoles*, nous en revenons au pourcentage de M. Méline qui nous semble le vrai.

L'agriculture supporterait donc réellement une charge en impôts directs, de 25 p. 100 de ses revenus, et en impôts indirects, de 7 p. 100.

Au total 32 p. 100 (1).

§ 3. — LES PRÉTENDUES CHARGES QUE FAIT PESER L'IMPÔT FONCIER SUR L'AGRICULTURE.

Les braves gens ne manquent pas qui osent affirmer que, le principal de l'impôt foncier

---

(1) Daniel Zolla, *Questions agricoles*, 1re et 2e série, çà et là.

disparu, l'agriculture reprendrait de la mine et du nerf.

Dans cette affirmation, il y a, selon nous, un peu de vrai et beaucoup de faux.

Le principal de l'impôt foncier non bâti est aujourd'hui de..................	103 millions et demi.
L'accessoire.............................	137 millions.
Le principal de l'impôt foncier bâti est de.	12 —
L'accessoire.............................	13 —
Total..................	265 millions et demi.

M. Méline est au nombre de ceux qui ont jeté l'anathème sur le principal de l'impôt foncier. Sincèrement dévoué à l'agriculture, il a proposé aux Chambres en juillet dernier et leur a fait consentir une réduction de 25 millions. Pour la bonne volonté dont il fait preuve, nous lui disons merci, quoique pleinement convaincu que son prétendu cadeau n'allègera que d'une manière à peine sensible les charges qui pèsent sur l'agriculture (1).

(1) Le fait a donné à notre thèse un démenti formel que nous enregistrons avec une satisfaction très réelle. La loi de finances du 21 juillet 1897 était, en effet, ainsi conçue :
« ART. 1er. — Les *remises* suivantes seront accordées sur la contribution foncière des propriétés non bâties (*part de l'État*) :
« Cotes de 10 francs et au-dessous (uniques ou totalisées), *remise totale*; — cotes de 10 fr. 01 à 15 francs (uniques ou totalisées), remise *des trois quarts*; — cotes de 15 fr. 01 à 20 francs (uniques ou totalisées), remise *de moitié*; — cotes de 20 fr. 01 à 25 francs (uniques ou totalisées), remise *d'un quart*. »
Que M. Méline ait cédé ou non à des préoccupations électorales, nous laissons à ses adversaires politiques le soin de

Si nous parlons de même, ce n'est pas parce que nous estimons insuffisante la réduction votée, non plus à cause de cette supposition facilement justifiable que cette réduction ne couvre qu'un déplacement d'impôts; notre manière de voir ne varierait pas si tout le principal de l'impôt foncier s'était fondu dans les bras de M. le ministre.

Les petits propriétaires n'en profiteront que dans une toute petite mesure. En voulez-vous avoir la preuve? Reportez-vous aux chiffres officiels des *dégrèvements moyens par hectare* après la réduction de 15 millions qui fut votée en 1893.

L'opération portait sur 33 millions d'hectares.

Hectares.		Dégrèvement moyen par hectare.
8.123.000,	il fut de...............	10 cent. et au-dessous.
4.928.000	—	11 à 20 cent.
4.033.000	—	21 à 30 —
5.891.000	—	31 à 50 —
3.875.000	—	51 à 75 —
2.294.000	—	76 à 1 fr.
2.300.000	—	1 fr. 01 à 1 fr. 50
996.000	—	1 fr. 51 à 2 fr.
851.000	—	de plus de 2 fr.

le lui rappeler. Nous sommes, pour notre part, trop heureux de constater qu'en tenant compte, ainsi qu'il l'a fait, des facultés du contribuable dans l'application du dégrèvement voté par les Chambres, il a adopté le principe de la *progressivité en matière d'impôts*, principe dont nous sommes les résolus partisans et dont M. Méline et ses amis sont les non moins résolus adversaires.

Si donc le fait nous a donné tort, c'est parce que, contre toute prévision humaine, les libéralistes ont cassé la tête à une de leurs plus chères idoles : la proportionnalité de l'impôt.

M. Daniel Zolla, après avoir cité ces chiffres extraits d'un rapport adressé au ministre des finances par M. Boutin, directeur général des contributions directes (1 vol. in-4°, Imprimerie nationale, Paris), ajoute avec raison : « On voit que le dégrèvement moyen par hectare est en général insignifiant. Pour plus de 22 millions d'hectares il est inférieur à 0 fr. 50 par hectare. Sans doute la suppression du principal tout entier équivaudrait à une réduction 7 fois plus considérable. Mais il n'est pas moins visible que les petits propriétaires cultivateurs ne trouveraient pas dans cette opération une amélioration appréciable de leur situation. Seuls les propriétaires de domaines étendus pourraient en profiter. »

Pour ce qui regarde le sort des fermiers, comme en général de tous les autres exploitants, le résultat ne serait pas différent.

L'impôt foncier, dites-vous, est un impôt *réel* qui frappe la terre ; comme tel il ne devrait atteindre que le propriétaire. Mais est-ce bien ainsi que les choses se passent dans la pratique ? Nous ne le croyons pas.

Le propriétaire est un monsieur qui a, ou hérité de biens fonciers, ou placé en terres les revenus acquis dans une profession quelconque.

A ce monsieur il faut des rentes ; voilà la première de ses préoccupations. Car, s'il a placé 100 000 francs en terres de préférence à une autre valeur, c'est, croyez-le bien, parce qu'il estimait qu'un tel placement l'emportait sur les autres, par sa solidité notamment. Il n'est pas homme à s'embarrasser de mille et mille charges ; n'est-ce pas assez déjà que d'avoir à se préoccuper des réparations des immeubles bâtis ? Il cherche un revenu net. Et comme il est maître absolu, et que son privilège de propriétaire lui permet d'autre part certaines exigences, il ne donnera, c'est évident, sa terre en fermage qu'au cultivateur qui se résoudra ou à payer l'impôt foncier ou au moins une somme équivalente. Voilà donc que cette charge *réelle* qui, d'après sa nature, devrait atteindre l'immeuble dans la personne de son possesseur, frappe, par une répercussion naturelle, la culture dans la personne du fermier.

Ici, les partisans de la suppression de l'impôt foncier nous arrêtent. « C'est cela même, nous disent-ils, puisque c'est l'exploitant que l'impôt foncier atteint, continuons notre campagne et le sort de Jacques Bonhomme en sera amélioré. »

Erreur. L'exploitant bénéficiera peut-être d'un *allégement passager*. Ce sera tout. Comment ? C'est bien simple. Le propriétaire s'en ira trouver un jour l'exploitant, quelques mois avant l'expiration de son bail et lui tiendra ce petit discours très suggestif : « Tu sais, mon pauvre Jacques, ça ne peut plus marcher aux mêmes conditions qu'autrefois. Tu me payais jusqu'à présent 3 000 francs de fermage, mais en outre ne payais-tu pas 200 francs d'impôt foncier ? En réalité ton fermage était donc bien de 3 200 francs. Puisque cet impôt n'existe plus, il est juste que ce soit moi qui en profite et que le revenu net de mon domaine augmente du montant de l'impôt supprimé. » Jacques Bonhomme esquisse une grimace significative de mécontentement : « Au reste, ce n'est pas tout ça, reprend le propriétaire ; il y a Jean-Pierre ton voisin qui m'offre cette somme de 200 francs que je te réclame. Tu comprends bien, c'est à prendre ou à laisser. » Jacques Bonhomme comprend en effet qu'il est le plus faible, et que, partant, toute résistance est inutile. Il est moralement contraint ou d'accepter les nouvelles surcharges que lui impose son maître, ou de filer ailleurs, ce qui est dispendieux, et encore à la condition... de trouver une exploitation. Alors il accepte. Et voilà comme quoi la suppression du principal de l'impôt foncier n'a pas augmenté son revenu d'un centime.

Le revenu du propriétaire y a trouvé, au contraire, une cause d'augmentation, et, d'autre part, la valeur vénale de sa propriété a reçu de ce fait un accroissement proportionnel au capital que représente cet impôt. C'est-à-dire qu'on aura renouvelé aux propriétaires de notre temps le présent qu'offrit l'Assemblée constituante aux propriétaires d'alors quand elle supprima tout d'une pièce et sans obliger personne à les racheter, la dîme et autres servitudes féodales dont était grevée la propriété foncière d'ancien régime. Aujourd'hui comme autrefois la réforme manquerait son but. Et nous ne voyons pas que ce soit la peine de renouveler les errements de nos pères, attendu qu'il est souverainement juste que la propriété foncière soit atteinte par l'impôt comme toutes les autres sources de revenus.

La grande propriété par exemple y trouverait son compte. Si le dégrèvement par hectare est minime, il n'en aurait pas moins de l'importance s'il portait sur un grand nombre d'hectares. Pas n'est besoin de rien ajouter pour compléter notre démonstration. Si l'état-major de la « Démocratie rurale » prétend par là servir ses propres intérêts, nous ne lui contesterons pas qu'il en prend les moyens. Mais alors, de grâce, qu'on ne nous parle plus de dévouement aux intérêts des petits propriétaires et des exploitants, personne n'y croirait et on aurait raison. Dans la séance du 25 juin 1887, M. Viger disait : « Je crois que nous ferions beaucoup plus pour l'agriculture en diminuant les droits de mutation et en rendant la propriété plus transmissible qu'en dégrevant l'impôt foncier. » C'est aussi notre manière de voir... tandis qu'à la Chambre c'est l'opinion de la Société des agriculteurs de France qui prévaut (1).

§ 4. — RÉFORMES A INTRODUIRE DANS LA PERCEPTION DE L'IMPÔT FONCIER.

Il n'en existe pas moins certaines réformes améliorantes à introduire dans la répartition et dans la perception de l'impôt foncier. Ce sont les suivantes :

1° *Répartition entre les quatre contributions directes des 25 centimes ordinaires figurant parmi les recettes du budget départemental.*

« Les ressources du budget départemental sont fournies par 25 centimes ordinaires sur la

---

(1) C'est la confirmation de ce que nous avons dit plus haut, relativement aux réformes dont cette importante société s'est faite le champion au nom de 500 000 laboureurs qu'elle est censée représenter, alors qu'elle représente plutôt les intérêts de la grande propriété.

contribution foncière et sur la *contribution mobilière* ; — par 1 centime sur les quatre contributions directes ; — par 7 centimes pour la vicinalité sur les quatre contributions directes, — par des centimes extraordinaires, additionnels au principal des quatre contributions directes.

« Le total de ces centimes s'élève à 53 en moyenne.

« En jetant les yeux sur un budget départemental on s'étonne *qu'une moitié des centimes additionnels, celle qui est irréductible, porte sur les deux premières contributions directes seulement, et non sur les quatre* (1). »

Cette inégalité, contraire au principe de la répartition proportionnelle des charges entre tous les citoyens, ne peut se justifier et constitue pour l'agriculture une imposition qui n'a pas d'équivalent dans les autres professions.

Le conseil général de la Seine-Inférieure a émis un vœu tendant à faire supporter par les quatre contributions directes le poids de ces 25 centimes, et la Société des agriculteurs de France s'est prononcée dans le même sens.

Voici le vœu qu'elle a adopté à sa session de 1897.

---

(1) Voy. *Rapport de M. de la Jonquière* (*Assemblée générale des agriculteurs de France*, 1897).

« *Vu la législation en vigueur ;*

« *Considérant qu'aux termes de cette législation le premier article des recettes du budget départemental ordinaire est formé par le produit de 25 centimes additionnels à l'impôt foncier et à l'impôt personnel-mobilier, et que, seuls, les centimes excédant le nombre de 25 peuvent et doivent être étendus à l'ensemble des impôts directs ;*

« *Qu'un tel état de choses constitue une véritable dérogation au principe de l'égale contribution de toutes les classes de citoyens aux charges publiques ;*

« *Qu'il pèse lourdement sur le cultivateur obéré et injustement surtaxé ;*

« *Émet le vœu que, conformément à la demande du conseil général de la Seine-Inférieure, les centimes départementaux ordinaires portent tous, à l'avenir, sur les quatre contributions directes.* »

2° *Impôts sur les bâtiments d'exploitation rurale.* — Nous avons vu précédemment que, pour évaluer l'impôt qui atteint la propriété *bâtie*, le fisc tenait compte des deux éléments suivants : *a)* de sa *superficie*, estimée sur le pied des meilleures terres labourables ; *b)* de son *élévation*, estimée d'après sa valeur locative et après déduction de l'estimation de la superficie.

Il nous semble juste que les bâtiments afférents à une exploitation rurale soient taxés, *quant à leur superficie,* comme *terre de première qualité*; mais pourquoi tenir compte de ce second élément prévu par la loi de 1807 et qui, du reste, vise les maisons urbaines plutôt que les habitations rurales? La plupart de celles-ci n'ont presque aucune valeur locative. Quand déjà leur superficie a été estimée au taux des meilleures terres, il est à présumer que la justice doit se tenir pour satisfaite. A notre avis, il y aurait, dans le fait de ne pas tenir compte de l'*élévation* des bâtiments ruraux, une compensation d'ailleurs insuffisante à l'*aléa* du revenu foncier mis en regard de la *fixité* de l'impôt.

3° *Terres abandonnées ou en friches.* — Il ne serait pas moins équitable d'appliquer aux terres arables abandonnées ou en friches le principe de remises et de modération d'impôt admis pour les maisons vacantes et les usines en chômage, à moins toutefois que cet abandon ne provienne de la négligence du propriétaire plutôt que de son impossibilité à mettre ses terres en culture.

4° *Centimes additionnels.* — D'après l'*Annuaire de l'économie politique*, les charges des communes augmentent d'année en année. Nous le citons :

D'après les prévisions de 1894, le produit des centimes additionnels communaux s'élève à	180.539.324
Centimes ordinaires	94.200.349
— extraordinaires	86.338.975
Somme égale	180.539.324
En 1893, le produit des impositions communales était de	176.137.249
Soit une différence de plus pour 1894 de	4.402.075

qui se répartissent de la manière suivante entre les centimes ordinaires et extraordinaires :

Centimes ordinaires en plus	2.024.227
— extraordinaires en plus	2.377.848

Cette augmentation, dans le produit des impositions communales, provient des nouvelles charges que les communes ont dû s'imposer tant pour parer à leurs dépenses annuelles que pour pourvoir à l'exécution des travaux communaux, notamment les constructions scolaires.

Parmi les départements où l'augmentation est le plus sensible, on relève ceux de la Seine, 937 045 fr.; du Loiret, 295 671 fr.; du Nord, 271 150 fr.; de l'Aude, 267 614 fr.; de l'Hérault, 212 556 fr.; de la Loire-Inférieure, 182 776 fr.; du Pas-de-Calais, 176 137 fr.; du Calvados, 142 726 fr.; et de la Somme, 131 476 fr.

Les départements dans lesquels les communes

supportent les impositions les plus élevées sont: la Corse, où la moyenne des impositions par commune est de 104 centimes; la Savoie et la Haute-Savoie, 154 et 153 centimes ; l'Aude, 115 centimes ; Seine-et-Marne et Seine-et-Oise, où les moyennes sont de 101 centimes ; l'Ariège, 98 centimes ; la Marne et le Nord, 95 centimes ; l'Yonne, 94 centimes, et la Drôme, 92 centimes.

Parmi les départements où les impositions communales sont le moins élevées, il faut citer : la Haute-Saône, où la moyenne est de 15 centimes; le Doubs, 17 centimes ; les Landes et les Vosges, 18 centimes; Meurthe-et-Moselle, 21 centimes ; le territoire de Belfort et la Manche, 22 centimes ; la Haute-Marne, 23 centimes; le Finistère, le Gers et la Meuse, 25 centimes.

Dans tous les autres départements, soit 65, la moyenne varie de 26 à 91 centimes.

En somme, la moyenne générale des impositions communales (col. 18), qui était de 54 centimes, est montée à 55 centimes additionnels.

Ce sont des chiffres considérables, fruits misérables du jacobinisme. Ainsi que le remarque l'*Annuaire*, cette augmentation constante des charges communales n'a été que trop souvent occasionnée par les constructions scolaires, contre le gré des électeurs et souvent même des conseils municipaux. Et pour aboutir à quels résultats? Donner une éducation laïque à une demi-douzaine de fils de fonctionnaires et à un nombre égal de bâtards de la Seine ou d'enfants assistés par les départements. Nouvelles charges inutiles qui grèvent lourdement les communes rurales.

5° *Revision du cadastre.* — C'est une de ces questions qui ont fait couler des flots d'encre, et sur lesquelles l'accord n'est pas près de s'établir. Les adversaires de la réforme demandée objectent qu'elle constituerait une occasion de dépenses pour le Trésor public hors de proportion avec les bénéfices qui en résulteraient pour les contribuables. Il est possible que ce travail entrepris au compte de l'État occasionne des dépenses considérables — on a parlé d'un milliard, — mais n'y aurait-il pas moyen d'obvier à cet inconvénient? M. Boudenoot, député du Pas-de-Calais, l'a pensé, et il a déposé à cet effet une proposition de loi votée en première lecture le 12 juillet 1825 (1). L'honorable député en résume ainsi lui-même les avantages :

« 1° Faculté (et non obligation) pour les communes de reviser leur cadastre suivant le plus

(1) Voy. *Démocratie rurale*, 21 juillet 1875.

ou moins d'urgence, d'intérêt ou de nécessité qu'elles trouveront à le faire;

2° Avantages et encouragements accordés aux communes qui entreprendront la revision de leur cadastre en constituant des syndicats de bornage sur le modèle des associations agricoles visées par la loi du 22 décembre 1888;

3° Participation à la dépense de revision dans la proportion de 40 p. 100 pour l'État et de 60 p. 100 à répartir entre le département, la commune et les particuliers intéressés;

4° Économie et rapidité dans l'exécution; et, en quelque sorte, décentralisation de l'œuvre cadastrale, à laquelle il sera néanmoins assuré une coordination intérieure par le service technique de revision. »

Sous une forme ou sous une autre, cette revision s'impose, attendu que le cadastre qui sert actuellement de base à l'assiette de l'impôt foncier est devenu inexact, soit dans le bornage des terres, soit surtout dans l'évaluation d'un revenu qui a inévitablement varié par le fait de la plus-value de certains domaines et de la moins-value d'autres. « C'est ainsi que, dans le département de la Gironde, l'impôt foncier représente moins de 3 p. 100 du revenu dans cinquante-huit communes, de 3 à 4 p. 100 dans soixante-sept, de

4 à 5 p. 100 dans soixante-quatorze, de 5 à 6 p. 100 dans cent soixante-trois, et ainsi de suite jusqu'à certaines communes qui paient 12, 13, 14 et même 15 p. 100 (1). » Ce sont là des inégalités choquantes contraires au principe de la proportionnalité en matière d'impôts et qu'il serait urgent de travailler à faire disparaître (2).

(1) Cité dans la *Démocratie chrétienne*, février 1895, p. 676. — Dans les Basses-Alpes, le taux de l'impôt foncier varie, suivant les communes, de 3 à 15 p. 100 ; — dans le Loir-et-Cher, de 1 à 12 p. 100 ; — dans les Ardennes, de 1 à 9 p. 100 ; — dans l'Aube, l'Eure, l'Ariège, de 1 à 12 p. 100 ; — dans le Morbihan, de 1 à 7 p. 100 ; — dans les Basses-Pyrénées, de 1 à 6 p. 100 ; — dans le Pas-de-Calais, de 1 à 7 p. 100 ; — dans l'Orne, de 1 à 12 p. 100. — Voy. *Démocratie rurale*, 1890.

(2) La peréquation de l'impôt foncier n'est pas la seule qui s'impose à l'attention des Chambres. Il y a aussi celle de la taxe personnelle qui attend une solution. On peut juger de la différence des charges qu'elle fait peser sur certaines communes à l'exclusion des autres par cet extrait d'un discours prononcé par M. Labordère au concours agricole d'Arinthod :

« Telle commune avait, en 1833, 600 habitants dont 200 imposables à la taxe personnelle. A 1 fr. 50 par personne imposable, c'était un total de 300 francs que cette commune avait à fournir et fournissait très justement. Aujourd'hui, elle a perdu le tiers de sa population ; elle n'a plus que 400 habitants dont 133 imposables à la taxe personnelle. A 1 fr. 50 par personne imposable, elle ne doit plus, légalement et en équité, que 133 fois 1 fr. 50, soit 199 francs ou 200 francs en chiffre rond. Eh bien, on lui fait toujours payer 300 francs, comme si elle avait encore 200 imposables correspondant à 600 habitants.

« Inversement, telle autre commune avait, en 1833, 4 000 habitants dont 1 000 imposables à la taxe personnelle et qui, à 1 fr. 50 par personne soumise à cet impôt, donnait un produit total de 1 500 francs. Depuis ce temps, la population, je suppose, a doublé, comme cela par exemple est arrivé pour la ville de Saint-Claude. Cette population est donc passée de 4 000 à 8 000 habitants et le nombre des contribuables, doublant éga-

§ 5. — LA VÉRITABLE RÉFORME.

Telles sont, sous le régime actuel de notre système d'impôts, les principales réformes améliorantes qu'il importe d'apporter dans la répartition de l'impôt foncier. Nous ne réclamons pas sa suppression ; puisque la terre est une source de revenus, il nous semble équitable que l'impôt la frappe. Mais ce que les amis de la démocratie rurale doivent rechercher par-dessus tout, c'est la justice dans la répartition des charges foncières, et cette justice ne pourra s'obtenir que par la substitution, dans la perception de l'impôt, du principe de la progressivité à celui de la proportionnalité : « L'impôt n'est réellement proportionnel, disait J.-B. Say, que lorsqu'il est progressif », et il avait raison.

« L'impôt est proportionnel lorsqu'il prend une fraction fixe du revenu, par exemple 1/10 ; il est progressif lorsque la fraction prélevée devient plus grande à mesure que le revenu

lement, s'est trouvé élevé de 1 000 à 2 000. A 1 fr. 50 par personne soumise à la taxe, le produit de cet impôt devrait être de 3 000 francs. On le laisse à 1 500 francs comme si le nombre des contribuables était resté stationnaire depuis 1833. C'est un cadeau de la moitié de la taxe personnelle de l'impôt qui est fait à la commune. »

(*Démocratie rurale.*)

s'élève, si elle est, par exemple, de 1/10 pour 10 000 francs de rente, de 1/8 pour 20 000 francs. En prenant ces chiffres, 10 000 et 20 000 francs de rente paieraient 1 000 et 2 000 francs dans le système de l'impôt proportionnel, 1 000 et 2 500 francs dans le système de l'impôt progressif. L'impôt progressif proposé dans la Révolution a été repoussé, à cause surtout de cette objection qui, en réalité, est très peu fondée.

« On dit que si l'impôt était progressif, les individus n'auraient plus d'intérêt à augmenter leur revenu et l'impôt pourrait finir par dépasser ce revenu même.

« Cette objection a trompé bien des personnes quoiqu'elle soit bien facile à réfuter. Tout dépend, en effet, de la loi de progression qui est admise. Sans doute, si l'on établit que 11 000 fr. de rente paieront 1 p. 100, 12 000 2 p. 100, 13 000 3 p. 100, et que l'impôt croîtra ainsi de 1 p. 100 chaque fois que le revenu croîtra de 1 000 francs ; 111 000 francs de rente paieraient 101 p. 100 d'impôt, et dans ce cas l'impôt égalerait le revenu imposable. Mais il serait absurde d'établir une progression pareille. Il est facile, au contraire, d'instituer un impôt progressif qui ne dépasse jamais une fraction maximum, soit 1/5 ou 1/4 du revenu, et où pour des revenus rapprochés l'impôt soit presque proportionnel. Il est d'ailleurs bien simple de parer à tous les inconvénients qu'on objecte, c'est de ne soumettre à l'augmentation de l'impôt que les parties du revenu qui dépassent le chiffre où commence cette augmentation. Supposons que l'échelle de l'impôt soit la suivante : 1/10 pour 10 000 francs, 1/9 pour 20 000 francs, 1/8 pour 30 000 francs. Un revenu de 30 000 francs se décomposerait, d'après le principe posé, en trois parties de 10 000 chacune, dont la première paierait 1/10, la seconde 1/9, et la troisième 1/8 (1). »

Il paraît que l'application de l'impôt progressif présente de nombreuses difficultés. C'est possible. On peut pourtant prévoir que ce principe de progressivité ne tardera pas à s'introduire dans nos lois françaises. Nous y marchons à grands pas.

D'ici là, du reste, si nos gouvernants ont un réel désir d'effectuer des économies, ils pourront travailler à l'aise à une large décentralisation dans les affaires publiques et à la suppression de nombreux fonctionnaires inutiles (2). Le secret de l'économie est là principalement.

(1) Ott, *Traité d'économie sociale*, t. II, p. 394-95.
(2) Dans un rapport fameux, M. Delafosse avait démontré à la Chambre qu'elle pouvait économiser plus de 500 millions sur son budget en supprimant certaines administrations inutiles ou en les réformant.

CHAPITRE VI

QUELQUES AUTRES CHARGES AGRICOLES

Nous signalons à l'attention de nos lecteurs les anomalies qui suivent :

1° *L'impôt sur les primes d'assurances.* — Les compagnies d'assurances, chose bien naturelle, exhaussent le taux des primes qu'elles exigent de leurs assurés proportionnellement aux risques des constructions qui font l'objet du contrat. Dans ces conditions, une maison en bois ou en torchis, une couverture de chaume paient une prime plus élevée qu'une maison de valeur égale construite en pierre et couverte en ardoise. Jusqu'ici rien d'anormal. Mais voici où l'injustice devient évidente et criante. L'État perçoit un impôt sur toute prime d'assurance, et évidemment cet impôt suit une proportion croissante avec l'élévation de la prime. Il en résulte que la chaumière du pauvre paie un impôt beaucoup plus élevé que la maison du riche. C'est de la progressivité à rebours.

Ainsi : « La maison à Paris paie à l'État 0 fr. 12 par 1000 de sa valeur assurée ; à

Lille 0 fr. 30. Le bâtiment de fermes paie dans le Nord 0 fr. 40 par 1000 ; la maison couverte en chaume et construite en brique, 4 fr. 50 par 1000 ; construite en bois, 6 fr. 50 par 1000. La récolte paie 6 fr. par 1000. Ainsi, la récolte paie à l'État cinquante fois plus que le bâtiment de Paris. Une propriété de 200 000 francs à Paris paie à l'État le même impôt d'assurance qu'une propriété en bois et en chaume de 6000 francs à la campagne (1). » N'est-ce pas une monstrueuse injustice ?

2° *Les droits de mutation.* — Personne n'ignore l'inégalité qui existe entre les droits à payer pour la transmission des biens immeubles et les droits à payer pour les transmissions de valeurs mobilières. Le vendeur d'une terre de 100 000 francs paie à l'État 7 000 francs de droits, presque 8000 francs y compris les autres frais. Le vendeur d'une somme égale en valeurs nominatives ne paie que 626 fr. 80 et en valeurs au porteur 126 fr. 80, tous frais compris (2).

La terre est donc beaucoup plus imposée que ne le sont certaines autres sources de revenus.

Voici maintenant une injustice d'une autre espèce, et qui constitue ce qu'on pourrait appeler à

---

(1) *Démocratie chrétienne*, février 1895.
(2) *Id.*

bon droit une sorte d'impôt progressif sur la misère. L'acquéreur d'un immeuble de 10 000 francs paie 2,44 p. 100; — il paie 10 p. 100 si l'immeuble vaut de 5 000 à 10 000 francs, — 17 p. 100 pour un immeuble de 2 000 à 5 000 francs, — 26 p. 100 pour un immeuble de 1 000 à 2 000 francs. — 43 p. 100 pour un immeuble de 500 à 1 000 francs, — et 112 p. 100 pour un immeuble inférieur à 500 francs. Ces chiffres se passent de tout commentaire, il est par trop évident qu'il est besoin d'apporter de promptes réformes à un pareil état de choses. Malheureusement les Lemire nous manquent dans nos Chambres françaises pour arracher à la gloutonnerie du fisc, pierre par pierre, lopin par lopin, la cabane et le champ de l'humble propriétaire. — On a eu raison de dire que, « de tous les fléaux qui menacent l'agriculture, le plus redoutable est sans contredit le Code civil combiné avec le Code de procédure ». Qu'il s'agisse de ventes par licitation, d'inventaire après décès, de saisie immobilière, etc., c'est toujours la même monstruosité qui se renouvelle; les frais augmentent dans un rapport croissant avec le peu d'importance de l'immeuble à vendre ou à saisir et de l'héritage à recueillir. M. Georges Michel pouvait donc écrire avec raison dans l'*Économiste français*: « Aux mineurs ruinés par la loi, il ne reste qu'une vaine consolation : c'est de savoir que les victimes de la saisie immobilière sont encore plus malheureuses qu'eux. » Et après un calcul détaillé de tous les frais à payer, il arrive à ce résultat inouï : si l'immeuble ne dépasse pas 500 francs, les frais s'élèvent à 126 p. 100 ; si l'immeuble se vend 2 000 francs, les frais ne sont plus que de 50 p. 100 ; si l'immeuble atteint 5 000 francs, les frais tombent à 16 p. 100. On a eu raison de dire que cet impôt était un impôt sur la ruine. — Aussi, y a-t-on réfléchi ? Il y a tant d'appétits à satisfaire, et, autour de la maisonnette du pauvre, de l'héritage du pauvre, ou du bien du malheureux saisi, tant d'hommes de loi ou officiers ministériels qui ne feront pas grâce d'un centime, huissier, greffier, juge de paix, notaire, avoué, avocat, sans compter le fisc, non le moins vorace. Pour s'en rendre compte nous engageons le lecteur à lire dans Le Play, le chapitre intitulé « Les orphelins mineurs et le partage forcé » (1). Il y trouvera des détails propres à l'édifier, et il conclura avec nous de la nécessité qui s'impose de reviser certains articles du Code de procédure.

(1) Le tableau présenté par Le Play ne serait plus complètement exact aujourd'hui. Nous le citons pour témoigner des formalités nombreuses à remplir dans certains cas et des frais qu'elles entraînent forcément.

QUATRIÈME PARTIE

RÉFORMES AGRAIRES

CHAPITRE PREMIER

LIBERTÉ DES CONVENTIONS EN AGRICULTURE

« Le louage des *choses* est un contrat par lequel l'*une* des parties s'oblige à faire jouir l'autre d'une chose pendant un certain temps et moyennant un certain prix que celle-ci s'oblige de lui payer. » (Art. 1709 Code civil.)

Ainsi le bail à ferme et le bail à métairie.

« Le louage d'*ouvrage* est un contrat par lequel l'une des parties s'engage à faire quelque chose pour l'autre moyennant un prix convenu entre elles. » (Art. 1710 Code civil.)

Ainsi le louage des domestiques.

La question que nous avons à résoudre est celle-ci :

Le bail et le louage sont-ils toujours justes par le *seul fait que les conditions qui y sont énumérées ont été acceptées par l'une et l'autre parties*?

Ou bien le bailleur et son fermier, l'employeur agricole et son employé restent-ils soumis quand même à une loi supérieure qui domine toutes les conventions humaines?

L'économie classique, se retranchant derrière cette prétendue « liberté des conventions », qu'elle érige en principe, tient pour la première manière de voir. Et, au nom de cette liberté absolue, elle légitime tout. D'après elle, la liberté donne naissance au droit et le délimite.

Ainsi, un fermier vient de passer un bail avec un propriétaire foncier. Il n'est pas longtemps sans s'apercevoir qu'il a loué trop cher, qu'il a accepté une terre en mauvais état et des habitations malsaines. Sans qu'il y ait de sa faute, non seulement il ne retire aucun fruit de son travail, non seulement sa situation est rendue de ce fait tellement précaire qu'il ne peut remplir les devoirs que la nature lui impose vis-à-vis de sa famille, mais encore il se ruine. — « C'est bien dommage pour lui, répond l'économiste libéral, mais n'était-il pas libre de signer les conventions énumérées au bail ou de ne pas les accepter ? Le propriétaire a rempli les engagements pris avec le fermier : il est quitte envers lui comme envers sa conscience. »

Ou bien, c'est un ouvrier agricole qui a vendu son travail à un prix tellement réduit qu'il lui est impossible de vivre et de faire vivre sa famille sans recourir à la charité publique. — « C'est fâcheux, assurément, répond cette fois encore l'économiste libéral, mais que ne se gageait-il ailleurs à des conditions plus rémunératrices ? A coup sûr le fermier qui l'emploie a tenu ses engagements et lui a payé le salaire promis. Il est quitte envers lui comme envers sa conscience. »

Ce raisonnement de l'économie libérale est entaché d'erreur. Sans doute les diverses manifestations de l'activité humaine se déterminent par des conventions qui précisent les droits et les obligations de chacune des deux parties. Mais ces conventions, à leur tour, relèvent d'une loi supérieure à laquelle elles doivent se conformer. Qui ne sait que l'homme fait chaque jour de sa liberté un usage condamnable ? Comment cette liberté faillible pourrait-elle d'elle-même donner naissance à un droit ? C'est au contraire le droit qui la domine, la liberté, nous assurent les philosophes et saint Thomas à leur tête, ne consistant pas à faire ce que l'homme veut indifféremment, mais se mouvant dans les limites que lui tracent l'ordre, le bien, le droit.

Cela étant, nous pensons que le libéralisme raisonne à faux quand il conclut de l'accord des parties à la justice intrinsèque des conventions. « Que le patron et l'ouvrier fassent telles conditions qu'il leur plaira, qu'ils tombent d'accord notamment sur les chiffres du salaire : au-dessus de leur *libre* volonté, il est une loi de justice naturelle plus élevée et plus ancienne, à savoir que le salaire ne doit pas être insuffisant à faire subsister l'ouvrier sobre et honnête. » En appliquant aux détenteurs et aux travailleurs de la terre ce principe supérieur posé par Léon XIII dans son Encyclique : *De conditione opificum*, nous pouvons dire aussi justement : « Que le propriétaire et le fermier fassent toutes les conditions qu'ils voudront, qu'ils tombent d'accord notamment sur le prix du fermage : au-dessus de leur *libre* volonté il est une loi de justice naturelle plus élevée et plus ancienne, à savoir que la part laissée au fermier de la valeur des produits qu'il tire par son travail de la terre d'autrui ne doit pas être insuffisante à faire subsister le fermier sobre et honnête. » Léon XIII en donne cette raison que le travail est le moyen nécessaire, parce qu'il est l'unique, de subvenir aux besoins de notre vie, d'accomplir le premier de nos devoirs, qui est aussi le premier de nos droits, celui de conserver notre existence. Quand Dieu dit, en effet, à l'homme : « Tu mangeras ton pain à la sueur de ton front », il lui traça un devoir et promulgua en sa faveur un droit : le devoir du travail, le droit de vivre des fruits de son travail. Et, quand nous parlons de l'homme, il ne saurait être question de cet homme incomplet sorti du cerveau de J.-J. Rousseau, sans dépendance avec les membres qui composent la famille, mais, nous appuyant sur la parole de Dieu : *Masculum et feminam creavit eos — et dixit illis : crescite et multiplicamini...*, nous ne séparons pas l'homme de la famille ; l'homme n'est pas, d'après les données de la science sociale chrétienne, un être isolé, mais un être social qui n'est *lui-même* que par la famille et qui, par elle, entre dans la société.

Telle est la somme des principes chrétiens qui dominent toute convention entre propriétaires et fermiers, entre employeurs et employés, et contre lesquels la liberté de l'homme ne peut en aucun cas prévaloir.

Ce fermier, cet ouvrier agricole sont-ils d'ailleurs aussi libres qu'on veut bien nous le dire ? Il n'est pas oiseux de s'en rendre compte, car, si le consentement, au dire des théologiens, est l'âme du contrat, il faut pourtant que le consentement donné soit libre, affranchi de toute contrainte.

« En droit, sans doute, cette liberté paraît être entière : mais le fait est loin d'être conforme au droit. Quiconque, en effet, ne possède pas d'instrument de travail ne peut travailler et par conséquent vivre qu'à condition que les propriétaires des instruments veuillent lui en accorder l'usage ; tandis que le propriétaire qui ne trouverait pas d'ouvriers pour exploiter son instrument de travail, outre que d'ordinaire il peut attendre, a toujours la ressource de l'exploiter lui-même. De là une supériorité réelle des propriétaires ; de là une infériorité et une dépendance réelles des individus privés de tout héritage. L'homme obligé de s'adresser à autrui pour travailler, n'est évidemment pas dans la même position que l'homme qui par son travail ne dépend que de lui-même. Ils ne jouissent pas tous deux d'une égale liberté (1). » Et c'est trop clair, puisqu'en effet la vie de l'un, du fermier, est aux mains de l'autre, du détenteur du sol, ou encore la vie de l'ouvrier agricole aux mains

---

(1) Ott, *Manuel d'économie politique*, t. I, p. 348.

de l'entrepreneur de culture qui l'emploie.

Et cette liberté prétendue se restreint au fur et à mesure que ceux qui détiennent la terre en leur possession deviennent moins nombreux. Dans ce cas, ils feront plus aisément la loi à ceux qui pour vivre ont besoin de recourir à eux. « Le sol est, en effet, limité en étendue ; et les propriétaires peuvent s'entendre explicitement ou tacitement pour ne pas en céder une parcelle ou pour ne la céder qu'aux conditions qu'ils voudront imposer (1). » Le monopole du sol arable est, il est vrai, un monopole entre les mains de plusieurs, mais un monopole qui grandira par le fait même de la concurrence illimitée, base de notre législation quatre-vingt-dix-neuviste (2). Il s'aggravera en ce sens que la fondation des grandes propriétés, à laquelle nous marchons d'un pas rapide, le rendra plus formidable, — en ce sens aussi que les terres ne peuvent avoir toutes la même fertilité et que les propriétaires des plus fertiles pourront plus facilement encore faire la loi aux laboureurs.

(1) Ott, *Manuel d'économie politique*, t. I, p. 406.
(2) C'est ce qui fait dire aux socialistes que notre société bourgeoise travaille pour eux, et que le principe qui lui sert de fondement nous mène en droite ligne à une sorte de collectivisme, de socialisation de tous les instruments de travail, du sol comme des autres.

Le propriétaire a donc presque tous les atouts dans son jeu. Pour le fermier ou l'ouvrier, c'est la carte forcée.

On voit alors combien est vaine l'objection libérale : si le fermier jugeait que son propriétaire posait des conditions exagérées, pourquoi les acceptait-il ? — Il les acceptait pour éviter le déshonneur, et surtout pour éviter la cruelle faim ; mais il les acceptait en homme qui risque sa dernière chance, qui cherche à reculer le plus possible la banqueroute, la « vente à la porte », dans l'espérance longuement caressée que peut-être une bonne année... des temps meilleurs... l'aideront à passer les plus durs moments, en attendant que le hasard lui permette de trouver une ferme plus avantageuse. Quatre-vingt-quinze fois sur cent, la chance a fait défaut, et cet homme, hier à la tête d'une entreprise qui lui valait un rang honorable parmi les gens de sa commune, devient bientôt un simple journalier, trop heureux encore s'il trouve des « journées » pour lui et pour les siens. Voilà donc à quel compte il est libre, ce fermier, de ne pas accepter les conditions du propriétaire : rester sur le pavé avec tout son matériel de ferme désormais improductif, qui devra être vendu à n'importe quel prix ; c'est-à-dire, la ruine certaine, immédiate ;

en être réduit, ainsi que sa femme et ses enfants à chercher du travail à la journée, et, comme c'est rare et mal payé, attendre patiemment la faim, la misère et enfin l'hôpital. Belle liberté, alors, que celle qui lui est laissée à cet homme, puisque la société le place dans cette alternative, ou d'en passer par la volonté d'un plus fort que lui, ou de subir, presque toujours, une situation si affreusement pénible.

Ce que nous disons du fermier par rapport à son « maître » s'applique avec non moins de raison au domestique par rapport au fermier. Leur liberté, à l'un et à l'autre, n'est pas mieux respectée.

Nous n'allons pas jusqu'à dire — qu'on le remarque bien — qu'il en est toujours ainsi, que, toujours, le propriétaire loue son bien le plus cher possible sans souci aucun des intérêts du fermier, ou que, toujours, le fermier donne à son domestique le salaire le plus réduit, mais nous disons que des contrats qui se basent sur la loi d'airain de l'offre et de la demande, ne sont pas nécessairement conformes à la justice : nous disons encore que, dans ces conditions, le fermier n'était vraiment pas libre de refuser son consentement au propriétaire, et le domestique au fermier ; enfin que, lorsque le détenteur du sol d'une part, et, de l'autre, l'employeur agricole ont ainsi abusé de leur situation privilégiée, le contrat qui a été consenti est entaché d'un vice fondamental.

Et il nous apparaît que Léon XIII n'a pas raisonné autrement quand il a écrit « que si, *conraint par la nécessité* ou *poussé par la crainte d'un mal plus grand*, il *accepte* (l'ouvrier ou le fermier) *des conditions dures, que d'ailleurs il ne lui était pas loisible de refuser parce qu'elles lui sont imposées par le patron ou par celui qui fait l'offre du travail*, c'est là SUBIR UNE VIOLENCE CONTRE LAQUELLE LA JUSTICE PROTESTE (1). »

Donc un contrat de louage n'est pas nécessairement juste par le fait seul que les conditions qui y sont inscrites ont été consenties par les deux parties en présence. Il faut en outre déterminer si le consentement est vraiment libre.

Donc, la prétendue « liberté des conventions » dont se prévaut l'économie libérale n'est souvent qu'un leurre, et, loin d'engendrer le droit, elle peut abriter l'injustice.

C'est tout ce que nous voulions démontrer.

Nous dirons maintenant les remèdes que comporte cet état de choses.

---

(1) Encyclique *De conditione opificum*.

CHAPITRE II

LES RÉGIMES D'EXPLOITATION RURALE ET LES QUESTIONS QU'ILS SOULÈVENT

§ 1er. — AVANT-PROPOS.

On distingue trois régimes principaux d'exploitation rurale, la *régie directe*, le *fermage* et le *métayage*.

Dans quelle proportion sont-ils usités? Il est généralement admis que la superficie proportionnelle des modes d'exploitation se répartit de la manière suivante :

Cultures faites par propriétaires.............	59.77
— par fermiers.................	27,24
— par métayers.................	12,99
	100 »

C'est donc à peu près le tiers des terres labourables qui est soumis au régime du fermage, et elles sont exploitées par 750 000 chefs de culture; un huitième seulement est exploité par des métayers au nombre de 350 000 ; et plus de la moitié par des propriétaires-cultivateurs, dont les statistiques évaluent le nombre à 2 150 000 (1).

Le fermage est la location consentie pour un temps déterminé d'un fonds moyennant une redevance fixe en argent ou en produits.

Il ne manque pas d'économistes à nous vanter la libéralité des propriétaires de biens ruraux et qui restent comme scandalisés de ne pas entendre les ingrats fermiers chanter le *Te Deum* de la reconnaissance. — Quoi! se disent-ils, quelle bienveillance de la part de ces capitalistes! Ils réalisent, dans leurs rapports avec leurs preneurs, le type idéal de l'*association*, en poussant la condescendance jusqu'à mettre à la disposition de ces humbles travailleurs les deux tiers des capitaux qui entrent dans l'exploitation.

Ces messieurs, à notre avis, ont l'emballement facile; nous pensons, au contraire, que cette prétendue bienveillance n'est qu'un mot. En réalité, le détenteur du sol recherche l'*ouvrier* qui mettra en œuvre son domaine, et l'ouvrier loue sa force-travail. Y a-t-il alors association véritable, c'est-à-dire « mise en commun de quelque chose, biens,

---

(1) A la vérité, nous craignons bien un peu que dans ce chiffre de deux millions de laboureurs à qui on décerne volontiers l'honneur de la régie directe ne se trouvent beaucoup de fermiers et de métayers qui ont la bonne fortune de posséder encore quelques arpents de terre.

argent ou travail, pour *en partager les bénéfices qui en résultent* » ? Non, loin de présenter un régime d'association, le bail à ferme établit le bailleur et le preneur dans un rapport d'antagonisme véritable : l'un, le bailleur, s'efforçant d'élever le taux de sa *rente* sans égard aux intérêts du preneur ; l'autre, le preneur, de tirer le meilleur parti du domaine dont il a l'usage et cela au détriment de la terre, s'il le faut (1). Or, où l'antagonisme règne, il n'y a place ni pour l'association ni pour la bienveillance, c'est la force qui s'impose, et le plus faible qui subit la volonté de l'autre.

Voilà la nature même de notre régime actuel du fermage. Est-il parfait ? Nous osons croire que personne ne l'a prétendu. Il est du moins certain qu'on a préconisé bien des méthodes pour redresser les préjudices dont le fermier est victime.

§ 2. — Remèdes proposés.

Certains réformateurs bien intentionnés ont essayé de faire comprendre au propriétaire que la meilleure manière de servir ses propres inté-

---

(1) C'est ce qui faisait dire à M. Urbain Guérin : « Le propriétaire traite la terre comme une épouse, le fermier comme une maîtresse. »

rêts consistait à exercer envers son fermier un devoir de patronage. « Soyez vous-même son banquier, lui répètent-ils, n'attendez que de votre initiative les améliorations foncières, telles que drainages, défrichements, plantations. En retour vous exigerez qu'il vous tienne compte de l'intérêt des capitaux employés, et ainsi, en solidarisant vos intérêts communs, vous et votre preneur, vous verrez grossir vos revenus. » — La conclusion nous semble évidente pour ce qui regarde le propriétaire. Mais en quoi la situation du fermier s'est-elle sérieusement améliorée ? C'est ce que nous déclarons ne pas apercevoir très nettement. S'il récolte des produits plus nombreux, si ses bâtiments, écuries, granges, prêtent à plus de commodités, en retour le prix du fermage s'est accru. Il y a donc parité en somme entre sa situation avant, et sa situation après ces améliorations réalisées.

D'autres réformateurs ont proposé de rembourser en *fin de bail* au fermier les avances qu'il a pu déposer dans la terre, et dans ce but, plusieurs systèmes ont été imaginés, notamment le système des primes, celui du rachat des années de jouissance, et la clause de Kames.

Le bail *à primes* consiste dans l'*énonciation faite à l'avance par le bailleur* « *de la somme* qu'il donnera à son fermier sortant pour les prairies artificielles de bonne venue et de divers âges. Alors les experts se bornent à constater l'état de ces prairies, la manière dont elles sont garnies par de bons plants ou de mauvaises herbes; ils disent, en un mot, si elles sont recevables. Évidemment ce *système de primes déterminées d'avance peut s'appliquer à une foule d'autres améliorations* (1). » — Cette clause, conforme à la justice et de nature à favoriser toute espèce de progrès agricoles, mériterait d'être appliquée souvent.

Il peut devenir avantageux parfois à un fermier, quand la terre ne l'a pas encore dédommagé suffisamment des avances qu'il y a incorporées, et pour lui en laisser le temps, de proroger son bail. C'est le but que l'on se propose d'atteindre dans la clause dite du « rachat des années écoulées ». *Moyennant un « pot de vin »*, le fermier achète à son bailleur la faculté de prolonger son bail d'une durée égale au nombre d'années dont il a joui jusque-là. Il peut recourir plusieurs fois à ce procédé. — Que penser de cette clause? Qu'elle est en somme peu importante et d'une bienfaisance limitée. Le fermier, dans le cas

---

(1) Lecouteux, *Cours d'économie rurale*, t. II, p. 37.

donné, a un intérêt évident à prolonger son bail, puisqu'en vertu du premier contrat, il ne doit pas jouir plus longtemps de son entreprise et que cependant il en est arrivé à l'époque où cette entreprise lui vaudrait le plus. Mais s'il lui faut acheter cher cette faveur, et cela plusieurs fois de suite, de grâce qu'on ne nous vante pas outre mesure cette méthode raffinée qui essaie de paraître utilitaire. Dans certaines circonstances, si le détenteur du sol ne profite pas de l'embarras de son fermier, elle peut être réellement avantageuse à ce dernier. Comme on le voit, l'avantage est entre les mains du propriétaire, aucunement entre celles du preneur. En un mot, c'est le régime du bon plaisir. Notre système fiscal achève d'en limiter l'utilité, par suite de l'élévation des frais que nécessite toujours la réalisation d'un bail.

La clause anglaise de Lord Kames est plus conforme à l'équité que la précédente parce qu'elle oblige simultanément les deux parties en présence. Vers la *fin de son bail*, le fermier évalue *lui-même* le montant de ses améliorations culturales, estime la redevance annuelle qui en représente la valeur et propose ensuite au bailleur de prolonger le bail d'une durée égale à la durée du premier, s'engageant à payer une plus-value qui n'est autre que cette redevance qu'il a lui-même estimée.

Le bailleur accepte ou non. S'il accepte, sa rente s'accroît d'autant chaque année. Si, au contraire, il refuse, il se condamne à abandonner comme dédommagement au preneur, cinq fois, six fois, dix fois, suivant ce qui a été stipulé au moment de la rédaction du contrat, la redevance estimée par le fermier et que celui-ci se proposait de payer en plus si le bail avait été prorogé. — Cette clause de Lord Kames a été jugée bien différemment. Nous pensons qu'elle est seulement juste — même favorable au propriétaire plutôt qu'au fermier. Car, en effet, si elle donne au cultivateur le droit de jouir des améliorations que ses soins, son travail ont ajoutées à la propriété de son maître, on peut dire que, dans une certaine mesure, il lui en fait l'abandon, puisque le prix de son fermage a, de ce fait, subi un accroissement.

§ 3. — LE FERMAGE EN NATURE.

Nous pensons être utile à nos lecteurs en leur donnant communication d'une nouvelle méthode de fermage employée par un gentilhomme terrien du centre très mêlé au mouvement agricole.

Il s'agit du bail à ferme ; mais le fermage, au lieu d'être perçu en espèces sonnantes, l'est en *nature*, c'est-à-dire qu'après visite et examen du domaine à affermer, le propriétaire et le fermier étant convenus du prix de location que représente le domaine, le convertissent en denrées, viande, blé, avoine, suivant les cultures et les productions habituelles de la contrée.

Sur un prix de 6000 francs, par exemple, dans un pays d'herbages, on conviendra que 3000 francs seront payables en viandes, 1500 francs en blé et 1500 francs en avoine. On se reporte alors aux mercuriales, soit de Paris, soit de la localité si celles-ci sont établies d'une manière officielle et sérieuse, et on en déduit les *quantités* qui figureront au bail. Supposons que la viande vaille au cours du jour 1 fr. 50 le kilo, il faudra 2000 kilos de viande pour donner 3000 francs. Supposons que le blé vaille 25 francs le quintal, il faudra 60 quintaux pour faire 1500 francs. Ce sont *ces quantités qui seront inscrites au bail avec la stipulation que, pour évaluer les quantum des fermages annuels, on se reportera toujours aux mêmes mercuriales.*

Suivant les conventions, on fait la moyenne de toutes les mercuriales hebdomadaires de l'année ou du semestre, ou bien on règle le fermage annuel sur les mercuriales d'un seul trimestre.

Il n'importe pas beaucoup de prendre pour base les mercuriales de Paris ou celles de la localité, parce qu'en général elles sont dans un rapport constant. Ce qui importe, c'est de ne pas changer, en cours de bail, de base d'évaluation.

Cette sorte de bail est basée sur ceci, que l'agriculteur, ses prix de ferme montant ou baissant avec les cours, est ainsi soustrait à l'influence des fluctuations provoquées le plus souvent par la spéculation et sur lesquelles il reste sans action. Si les prix viennent à fléchir, le fermier verra son prix de ferme baisser : si, au contraire, ils se relèvent, le revenu du propriétaire augmentera.

A observer également que le fermier demeure libre de diriger son exploitation à son gré puisqu'il ne donne pas au bailleur, comme dans le métayage, un tant pour cent de la récolte, mais le prix en argent d'*une quantité en nature toujours fixe*. Ce prix, il importe peu de savoir comment il l'a effectivement réalisé ; le cultivateur demeure le maître de tirer parti de son domaine, suivant la manière qu'il estimera plus conforme à ses intérêts, l'élevage des chevaux de course par exemple.

Voici, pour terminer, l'article d'un des baux de M. le comte de X... :

« Monsieur Bernard devra chaque année à

M. le Comte trois mille six cents kilogrammes de viande, vingt-cinq quintaux de blé et quinze quintaux d'avoine. Ces quantités seront payables en argent, et leur valeur calculée d'après les mercuriales de Paris telles qu'elles figurent au *Bulletin* de la Société d'agriculture du département ; soit, pour la viande, deuxième qualité, viande nette à la Villette, et pour le blé, le blé blanc. Les calculs seront faits chaque année sur les mercuriales du troisième trimestre dont la moyenne servira de base pour l'année entière. »

M. le comte de X.., de qui nous tenons ces renseignements, a bien voulu y joindre les calculs de deux termes. Nous tenons à les mettre sous les yeux de nos lecteurs pour leur permettre d'apprécier l'importance des fluctuations qui peuvent se produire.

Terme de novembre 1895 :

$$3\,600 \times 1\,\text{fr.}\,488 = 5\,356\,\text{fr.}\,80$$
$$25 \times 19\,\text{fr.}\,141 = 478\,\text{fr.}\,50$$
$$15 \times 15\,\text{fr.}\,687 = 235\,\text{fr.}\,30$$
$$\text{Total}\ldots\ldots 6\,070\,\text{fr.}\,60$$

Terme de novembre 1896 :

$$3\,600 \times 1\,\text{fr.}\,405 = 5\,058\,\text{fr.}\,\text{»}$$
$$25 \times 18\,\text{fr.}\,662 = 466\,\text{fr.}\,55$$
$$15 \times 14\,\text{fr.}\,881 = 223\,\text{fr.}\,20$$
$$\text{Total}\ldots\ldots 5\,747\,\text{fr.}\,75$$

L'ingéniosité de ce fermage en nature est une amélioration qui saute aux yeux. Il n'en rentre pas moins dans la catégorie des baux à ferme et nos lecteurs verront plus loin ce que nous en pensons.

CHAPITRE III

DE L'INDEMNITÉ POUR CAUSE DE PLUS-VALUE

A l'expiration de son bail, le *fermier* a-t-il droit à une indemnité pour cause de plus-value donnée à l'exploitation qu'il quitte?

Voici en quels termes l'article 555 de notre Code civil tranche la question : « Lorsque les *plantations*, constructions et *ouvrages* ont été faits par un tiers et avec ses matériaux, le propriétaire du fonds a droit ou de les retenir, ou d'obliger ce tiers à les enlever. Si le propriétaire du fonds demande la suppression des plantations et des constructions, *elle est aux frais de celui qui les a faites, sans aucune indemnité pour lui; il peut même être condamné à des dommages et intérêts s'il y a lieu,* pour le préjudice que peut avoir éprouvé le propriétaire du fonds. Si le propriétaire préfère conserver ces plantations et constructions, il doit le remboursement de la valeur des matériaux et du prix de la main-d'œuvre *sans égard à la plus ou moins grande augmenta-*

tion de valeur que le fonds a pu recevoir. »

Mais, avant d'entrer dans le grave débat que cette importante question soulève, il est nécessaire, pour éviter toute confusion, d'en préciser nettement les proportions. Car cette augmentation de valeur peut être de nature variable et avoir été produite par des causes différentes ; on peut se demander en effet si un chef de culture a le droit de bouleverser de fond en comble une exploitation dont il a la jouissance par bail, avec la faculté d'exiger ensuite du propriétaire, à l'expiration du bail, le remboursement des dépenses auxquelles il s'est laissé ainsi entraîner.

Il faut distinguer, parmi les améliorations qui donnent une plus-value à une exploitation agricole, entre améliorations *foncières* et améliorations *culturales*. La première dénomination est reservée plus particulièrement à certains gros travaux, tels que construction de bâtiments, plantations, établissement de voies pour faciliter l'exploitation; la seconde vise plutôt les travaux ayant pour but d'*augmenter la productivité du sol lui-même*, par exemple, le nettoyage des terres, les défrichements, les plantations d'arbres fruitiers qui ne nuisent pas à la bonne venue des céréales, l'emploi justifié d'engrais véritables *non encore épuisés*, etc. Comme on le voit, les améliorations *foncières* sont celles qui ont plutôt pour objet d'altérer la nature même d'une propriété en tout ou en partie, et les améliorations *culturales*, celles qui, par une mise en culture plus intelligente, en augmentent le rapport.

Il faut en outre faire remarquer que ces diverses améliorations soit *foncières*, soit *culturales*, peuvent être tentées par le fermier *avec autorisation* du propriétaire ou *sans* autorisation.

Qu'il s'agisse des unes ou des autres, si le propriétaire les a expressément autorisées, la question ne se pose plus ; il doit évidemment à son fermier sortant le remboursement de la plus-value dont elles sont la cause pour sa propriété. Il en serait tout autrement, si le fermier s'était occupé d'améliorations *foncières* contre le gré du propriétaire, voire même sans son autorisation, car, agissant en maître, il aurait de toute évidence outrepassé ses droits.

Mais on demande si un fermier a droit à une indemnité pour cause de plus-value occasionnée par des améliorations *culturales* entreprises *sans* l'autorisation du propriétaire.

Poser en ces termes la question c'est la résoudre. Aussi n'hésitons-nous pas à nous prononcer pour le droit à l'indemnité consacré par les règles élémentaires de l'immuable justice et à déclarer que la loi française, loin de protéger le cultivateur, lui cause un véritable dommage.

Voici, par exemple, un fait dont le seul exposé projettera un jour d'une clarté saisissante sur cet intéressant débat. Nous connaissons une famille qui affermait, il y a vingt-cinq ans, pour la somme de 800 francs une exploitation assez considérable mais composée en grande partie de landiers et de terres inférieures. Cette exploitation est passée aux mêmes conditions entre les mains du fils aîné, un homme intelligent, s'entendant à son métier, qui, à force de soins, l'a entièrement transformée ; ainsi, la prairie principale, qui, à son entrée en ferme, rapportait dix mille de foin en rapporte à présent cent mille, et le propriétaire, se basant sur cette plus-value croissante, augmente, à chaque renouvellement de bail, le prix de fermage : aujourd'hui, la ferme ne se loue plus 800 francs, mais 2 000 francs. C'est une augmentation qui en vaut la peine. A qui le propriétaire en est-il redevable ? Exclusivement au travail incessant et à l'intelligence du fermier. Et alors, supposons que ce fermier soit contraint de quitter la ferme qu'il a ainsi exploitée, augmentant sans cesse sa productivité, nierez-vous que cette plus-value lui donne droit à une indemnité ?

Et cette indemnité nous apparaît comme d'autant plus conforme à la justice, que le code français reconnaît au propriétaire le droit d'exiger du preneur le remboursement des dégâts qu'une mauvaise gestion aurait occasionnés. Quand le fermier entre en jouissance, un inventaire est dressé, qui constate « l'état des lieux », l'état de la propriété ; et cet état estimatif servira plus tard, au moment de sa sortie, à l'évaluation des torts causés par le preneur s'il n'a pas géré sa culture en *bon père de famille.* Mais pourquoi notre code si soucieux — et c'est justice — des intérêts du bailleur, après avoir ainsi prévu le cas de *moins-value,* ne prévoit-il pas celui de *plus-value?* Le droit ne serait-il plus le même pour tous ? Ou serait-on requis de l'observer seulement lorsqu'il garantit les intérêts d'une classe privilégiée? Cette législation, avec le relent de paganisme qui s'en exhale, nous remet en mémoire la fable de la Cigogne et du Loup :

> « Votre salaire? dit le Loup,
> Vous riez, ma bonne commère.
> Quoi, ce n'est pas encor beaucoup
> D'avoir de mon gosier retiré votre cou !
> Allez, vous êtes une ingrate,
> Ne tombez jamais sous ma patte. »

Avoir si charitablement servi les intérêts de maître loup, et ne pas s'estimer suffisamment payée de pouvoir vivre encore, pauvre naïve cigogne ! quelle prétention tout de même ! Ainsi du cultivateur. Il a augmenté, c'est vrai, la productivité d'une exploitation ; mais n'être pas obligé en la quittant de payer au propriétaire un dédommagement, n'est-ce pas tout ce qu'il peut convenablement réclamer?... Notre législation bourrée de droit païen ne raisonne pas autrement que le loup de la fable... *Et nunc erudimini.*

Aux raisons que nous venons de donner pour appuyer notre thèse en faveur de l'indemnité due au fermier sortant pour cause de plus-value, nous devons en ajouter une dernière tirée de l'intérêt de la société et de l'intérêt du propriétaire lui-même. Car, à l'expiration d'un fermage, il est rare qu'une exploitation n'ait pas perdu de sa productivité. Voici comment d'ordinaire les choses se passent sous le régime actuel : si l'on suppose un bail de neuf ans, le fermier estime qu'il lui faudra trois années pour remettre sa terre en état ; les trois années suivantes seront pour lui des années de « plein rapport », tandis que dans les trois dernières, il traitera le sol comme l'avait fait son prédécesseur, il l'épuisera. C'est un grave abus dont la permanence porte atteinte à la richesse nationale; et cet abus disparaîtrait si la loi reconnaissait au fermier le droit de réclamer le remboursement des capitaux sagement dépensés et incorporés au sol auquel ils ont donné une plus-value évidente. Les droits des deux parties étant ainsi protégés — et non plus seulement ceux d'un seul, — il s'établirait entre elles une communauté d'intérêts qui persisterait jusqu'à l'expiration du bail (1).

Sous peine de devenir illusoire, nous pensons que cette indemnité devrait être *obligatoire*; le propriétaire ne pourrait s'en dispenser par l'insertion préalable dans la rédaction du bail d'une clause spéciale par laquelle il aurait la faculté d'indemniser ou non, à son gré, le preneur, dans le cas de plus-value.

Laissons les tenants du libéralisme manifester à leur aise de leur indignation à la vue des profanes qui prennent la liberté de porter la main sur cette fameuse liberté des conventions, arche sainte du parti. Nous avons expliqué le pourquoi de notre audace, et nos lecteurs savent que cette idole ne nous en impose plus.

(1) Nous sommes heureux d'être d'accord sur ce point avec M. Deschanel. Dans son discours du 10 juillet 1897, en réponse à l'interpellation de M. Jaurès sur la crise agricole, il se déclare nettement pour « le remboursement aux fermiers et aux métayers de la plus-value donnée aux fonds loués ».

Il y a beau temps déjà que l'Angleterre, peut-être parce qu'elle souffrait davantage de la crise agricole, est entrée dans cette voie. On trouvera dans le *Traité d'économie rurale* de M. Lecouteux un résumé très suggestif de la loi dite des fermages agricoles, du 14 février 1876. Cette loi, retouchée en 1884, consacre ainsi qu'il suit le principe d'*obligation* : « Tout contrat, accord ou convention par lesquels le fermier renoncerait à son droit de demander une indemnité, à raison d'améliorations agricoles (à l'exception du règlement d'indemnités amiables) sont *nuls de plein droit.* »

Au cours de cette législature M. Emile Dubois, député de Douai, a soumis à la Chambre un projet de loi demandant la consécration du droit à l'indemnité du fermier pour cause d'amélioration agricole. Le député du Nord se prononce nettement pour le principe d'obligation. Voici quelques-unes des dispositions de ce projet :

« Le propriétaire devra tenir compte des *deux tiers de la plus-value* que celui-ci aura procurée au fonds loué par ses travaux de culture et qu'il aura fait constater contradictoirement avant l'enlèvement de la dernière récolte.

« Cette indemnité des deux tiers ne pourra, en aucune circonstance, dépasser l'importance de trois années de fermage. Le juge aura la faculté d'accorder au propriétaire des délais n'excédant pas cinq ans pour payer en un ou plusieurs termes au fermier sortant la somme allouée, qui en ce cas produira des intérêts à raison de 5 p. 100 l'an ; cette indemnité sera, si le propriétaire le requiert, remplacée au profit du fermier sortant par une prorogation de jouissance de six années aux conditions du bail expiré (1). »

La place nous manque pour critiquer le fond de ces dispositions. Mais le principe dont elles s'inspirent nous paraît hors d'atteinte et nous désirons ardemment voir le Parlement aborder ces importantes questions d'un intérêt majeur pour notre culture nationale et dont la solution, dans le sens de la justice, importe si grandement à la vie des laboureurs.

Les objections n'ont pas manqué à la thèse que nous défendons. Elles ont une double origine. Les unes se tirent de la difficulté de distinguer dans une expertise de fin de bail, entre les améliorations dont le travail du fermier a été

---

(1) Cité par M. Daniel Zolla, *Questions agricoles*, 2ᵉ série, p. 118.

la cause déterminante et celles qui proviennent de circonstances extérieures, telles que l'ouverture de nouveaux débouchés, de voies nouvelles de communication qui diminuent les frais de transport et d'adduction sur les marchés, l'accroissement de la population ou son agglomération autour de la ferme. Est-ce bien sérieux ? Il nous apparaît au contraire que la tâche devient facile à un expert, en pareil cas. Et du reste, nous ne comprenons pas qu'on abandonne avec tant de sans-gêne un principe dont l'équité n'est pas contestable, parce que l'application en peut être difficultueuse quelquefois.

Les autres objections que soulève notre manière de voir s'appuient sur l'hypothèse envisagée de la dépréciation générale des terres et de l'abaissement de leur valeur locative correspondant à l'obligation pour le propriétaire d'indemniser son fermier pour cause d'amélioration. L'hypothèse peut se changer en réalité. Mais devra-t-on en conclure que le droit du fermier à son indemnité s'est anéanti du même coup ? C'est trop dire. Admettons cette dépréciation générale, il n'en reste pas moins vrai qu'elle se fera sentir *moins durement* pour le propriétaire dont la ferme a été améliorée par son fermier : cette ferme ayant plus reçu du fermier donnera davantage que ses voisines, toutes choses égales d'ailleurs ; en un mot, elle gardera une plus-value *relative*, dont elle sera encore redevable à son chef de culture. Et qui osera dire alors que le propriétaire aura seul le droit d'en bénéficier quand le fermier aura été la seule cause efficiente de cette amélioration? Raisonner ainsi serait raisonner contre l'équité. Nous n'irions pas jusqu'à prétendre que dans ce cas l'arbitre, dans son évaluation des droits des parties, n'aurait aucun compte à tenir de ce phénomène de dépréciation. Mais si l'on juge conforme à l'équité de restreindre ainsi les droits du fermier pour des motifs d'ordre général indépendants de sa volonté, on avouera qu'il le serait moins de reconnaître au propriétaire, en temps de crise, une situation privilégiée. Et c'est ce qui aurait lieu s'il gardait tout le bénéfice de la plus-value sans en indemniser celui à qui il la doit. D'autant plus qu'on pourrait retourner l'argument en cas d'augmentation de valeur locative des terres contre ceux qui nous font l'objection. S'ils n'admettent pas ce droit à l'indemnité en faveur du fermier parce qu'il peut correspondre à un abaissement de valeur locative du sol, ce qui va à l'encontre des intérêts du propriétaire, comment feront-ils, pour être logiques et justes, si tel fermier ayant enrichi une exploitation est contraint d'en abandonner à sa sortie tous les avantages au sol, et en est réduit à accepter son nouveau bail à des conditions plus onéreuses?

Ces objections faites contre la thèse que nous soutenons, ne nous paraissent donc pas reposer sur des bases solides. Aussi nous déclarons-nous partisans du droit à l'indemnité pour cause de plus-value. Quant à l'application de ce droit, elle peut donner lieu à des difficultés, surtout avec notre organisation agraire actuelle ; nous pensons néanmoins que ces difficultés pratiques ne peuvent prescrire contre la justice ; que, par suite, les démocrates chrétiens resteront fidèles à leurs principes en inscrivant à leur programme cette réclamation dont l'importance n'échappera à personne (1).

(1) Notons que ce droit de plus-value était reconnu au moyen âge. Il assurait au fermier à l'expiration de son bail non seulement le « coût même de ses améliorations, ce qui est souvent dérisoire, mais l'estimation de la plus-value réelle donnée par elles au domaine » (Meyer et Ardant, *la Question agraire*, p. 145).

Chantez victoire, économistes libéraux !

CHAPITRE IV

RÉFORME DU FERMAGE

En vertu de son monopole, le propriétaire a la haute main sur le fermier, il est réellement son « maître », et, en règle générale, il lui impose ses conditions, réduisant, *autant qu'il le peut*, la part qui lui reviendra dans la production des fruits de la terre au minimum indispensable à sa subsistance. Ainsi le veut la loi anarchique et brutale de l'offre et de la demande qui régit leurs relations.

Le fermier n'est donc pas suffisamment assuré dans son droit à la vie par un partage équitable des fruits que son travail produit. Seul, en face d'un plus fort qui sera bon quelquefois, dur et méchant d'autres fois, il devrait recevoir de la société une protection efficace qui garantirait ses droits. Cette protection ne deviendra efficace qu'à la condition d'assurer :

1° La stabilité du fermage.

2° Un contrôle dans la fixation du prix du fermage.

3° La liberté pour le fermier de céder son droit au fermage.

Cette triple réforme constitue la base des revendications des fermiers irlandais dont on sait la situation précaire vis-à-vis des landlords. La crise agraire française n'a pas sans doute atteint ce caractère d'acuité qui se remarque en Irlande, mais on y viendrait vite, si une réforme prompte n'empêchait les mêmes causes de produire les mêmes effets.

Nous étudierons l'une après l'autre ces trois revendications.

§ 1er. — STABILITÉ DU FERMAGE.

Le fermier est un homme qui préfère courir les chances bonnes ou mauvaises du marché agricole et qui convient avec le détenteur du sol qu'il en prendra l'usufruit moyennant un prix déterminé. Les mêmes raisons qui le font rechercher un bail à court terme agissent pareillement sur le propriétaire, l'un et l'autre espérant toujours mieux rencontrer. L'un, le fermier, tient ce raisonnement : « J'aurais tort d'enchaîner ma liberté, la chance est grande, d'ici trois ans je peux trouver meilleure terre, un prix plus modéré, un propriétaire plus bienveillant. »

L'autre, le propriétaire, ne raisonne pas différemment : « Mon but n'est-il pas de retirer de ma terre le plus de revenus possible ? La prudence me fait donc un devoir de ne pas m'engager avec mon fermier pour une période trop longue ; d'ici trois ans, je peux trouver un chef de culture plus capable, qui, pressé par la nécessité, m'offrira un prix plus élevé. »

Comme on le voit, c'est le *struggle for life.*

Pendant longtemps les fermiers ont subi en Irlande la *tenure at will*, sorte de fermage annuel. Cet état de choses aboutissait à la ruine complète des tenanciers ainsi exposés à la saisie et à l'éviction.

En France les fermages d'une année sont assez rares, au moins pour ce qui concerne les tenures d'une importance moyenne. Voici du reste, sur cette question de la durée des baux, les renseignements qui ressortent des statistiques :

Baux de 1 an à 3 ans............	22,58
— 3 ans à 6 ans...............	21,81
— 6 ans à 9 ans................	46,38
— plus de 9 ans...............	9,23
	100 »

Le Play avait-il entièrement tort quand il affirmait que « le capitaliste renouvelle avec le même esprit de spéculation ses *locataires* et ses valeurs de bourse »? Tous les économistes s'accordent d'ailleurs à reconnaître que cette instabilité du fermage est une des plaies qui atteignent dans ses parties vitales notre agriculture nationale. L'intérêt général en souffre, le propriétaire qui n'a pas compris sa fonction sociale se trouve tôt ou tard aux prises avec le régime qu'il a favorisé, le fermier néglige cette exploitation sur laquelle il vit en passant, sans avoir le droit de s'y attacher. « Comment le paysan, nous dit l'Anglais Young, songerait-il à bien abriter son porc lorsque son propre bonheur ne tient qu'au fil d'un bail de neuf ans? »

Les choses ne se sont pas passées ainsi de tout temps. Dans ce moyen âge, si décrié par l'ignorance et le parti pris, la situation faite aux colons était loin de présenter cette instabilité si funeste à nos tenanciers modernes. « La plus grande partie du sol appartenait moins aux seigneurs fonciers qu'à ceux auxquels ils l'avaient louée, le propriétaire en titre n'ayant plus droit qu'à une simple redevance ou à une corvée... Ceux qui devaient à leur seigneur corvée et redevance ne pouvaient, il est vrai, quitter sans sa permission et sans qu'il en fût informé la terre qui leur avait été confiée: ils étaient « attachés à la glèbe », mais personnellement libres...

Au point de vue de l'économie agronomique on peut caractériser cette possession du sol par des colons libres personnellement, ayant leurs droits et leurs devoirs, comme une assurance donnée au paysan sur la base de la *possession héréditaire*. Le cultivateur devait à ce système une condition fixe et la sécurité pour le pain de chaque jour. D'autre part la *location héréditaire* du sol était d'une importance extrême pour la bonne exploitation, car un fermier héréditaire ne porte pas en général à l'amélioration de son bien un moindre intérêt que le propriétaire en titre. Le colon héréditaire (même dans les pays où plus tard la condition du paysan devint si misérable, en Poméranie par exemple) n'était nullement entravé dans le faire valoir de ses terres (1). »

A la veille de la Révolution, quelques cahiers renferment des vœux pour l'extension de la durée des baux. M. l'abbé Noël, dans son rapport présenté au Congrès de Lille en 1894 sur la situation des classes agricoles, cite le vœu suivant de la commune de Tardinghem (Pas-de-Calais) : « Nous demandons que les seigneurs ne puissent exiger un droit supplémentaire pour bail au delà de neuf ans, attendu qu'aussi longtemps que le sei-

---

(1) Janssen, *l'Allemagne à la fin du moyen âge*, p. 268 et suiv.

gneur pourra exiger ce droit, les fermiers ne loueront pas plus de neuf ans et par suite ne pourront bonifier la terre. » Il ne s'agit ici que d'écarter certains obstacles qui rendaient difficultueuse la prolongation du bail. Car encore à cette époque les baux à long terme, même les baux emphythéotiques, étaient assez fréquents ; la charge marchait de pair avec les fonctions. Depuis, sous l'influence grandissante de la passion de l'or, on a vu renaître une féodalité capitaliste qui a reconquis les *privilèges* perdus de l'ancienne, mais qui a lâché le *service* correspondant. Elle possède pour elle et ne se reconnaît aucun devoir envers la société.

En Angleterre, où la législation agricole est plus avancée qu'en France, les baux ont une durée normale de trente et un ans et, d'après la loi du 22 août 1881, des baux plus longs sont permis. Un bail emphythéotique peut être conclu à condition que tous les quinze ans la rente soit de nouveau fixée par la Cour, si les parties ne peuvent tomber d'accord. « Si le fermier remplit son contrat, lui et ses héritiers ne peuvent jamais être obligés de quitter la ferme (1). »

Pour assurer en France la stabilité de la ferme

---

(1) Cité par Meyer et Ardant, *Question agraire*, p. 154.

et encourager ainsi le travail du laboureur, nous croyons qu'il y a trois étapes à parcourir :

1° Reconnaître le droit à l'indemnité pour cause de plus-value. Le propriétaire sachant qu'il sera obligé d'accorder un dédommagement en argent au fermier sortant hésitera davantage à lui tenir rigueur.

2° Stipuler comme dans la loi anglaise de 1881 que si « le fermier remplit son contrat, lui et les siens ne pourront jamais être obligés de quitter la ferme ». Ce serait assurément un progrès énorme. Mais il est facile de constater que, dans l'état actuel des choses, le bailleur peut éluder la loi. Il lui suffira d'imposer au fermier des conditions inacceptables. Nous disons « dans l'état actuel des choses », car il est permis de concevoir une nouvelle organisation qui laisserait moins de prise à l'arbitraire et un peu plus à la justice.

3° Ne pourrait-on pas du moins, pour empêcher les tristes effets provenant de l'instabilité de la tenure, fixer un *minimum* de durée de bail ? C'est ainsi, croyons-nous, que les choses se pratiquent chez nos voisins d'outre-Manche.

On en reviendrait alors peu à peu au bail emphythéotique qui ne semble pas avoir produit de trop mauvais résultats autrefois.

Le bail emphythéotique est un contrat par lequel le propriétaire d'un *fonds* cède à quelqu'un appelé emphythéote, la *propriété utile* de ce fonds, moyennant une redevance annuelle et à la charge pour lui de faire certaines améliorations. La durée du bail est généralement très étendue. A l'époque où les baux emphythéotiques étaient passés dans les mœurs sociales, leur durée n'était pas inférieure à vingt ans et elle allait jusqu'à quatre-vingt-dix-neuf ans. Ils se faisaient quelquefois à vie durante du preneur, de ses enfants et même de ses petits-enfants. — L'emphythéose cède au preneur non seulement l'*usage* du fonds comme dans le bail à ferme, mais une partie de la propriété du fonds, la *propriété utile*. D'où il résulte que le preneur pouvait aliéner cette propriété utile, par vente ou par donation, la grever d'hypothèques jusqu'à expiration de l'emphythéose, et exercer une action en complainte contre le bailleur.

A notre avis, les deux parties sont intéressées dans le retour à la pratique du bail emphythéotique. Le propriétaire serait plus sûrement payé et la productivité de sa terre augmenterait. Le fermier, assuré dans la possession de son instrument de travail, en retirerait toute l'utilité possible. Et, pour le bailleur comme pour le preneur, la difficulté tirée de la hausse ou de la baisse des loyers, — chacun estimant que le hasard favorisera ses intérêts, — pourrait être résolue avec simplicité, en stipulant que tous les quinze ans, par exemple, la rente serait à nouveau fixée par les parties (en supposant, bien entendu, l'existence d'un contrôle dans la fixation du fermage) (1).

§ 2. — CONTRÔLE DANS LA FIXATION DU FERMAGE.

Il ne suffit pas de protéger le laboureur contre les dangers de l'éviction, il faut surtout prendre les moyens nécessaires pour lui garantir le revenu total des fruits de son travail.

(1) « Il importe peu à un citadin d'être né dans une ville, d'avoir été élevé dans une autre ville, de se marier dans une troisième et de s'établir dans une quatrième ; les maisons qu'il habite ne sont pour lui que des sortes d'auberges dans lesquelles il loge et qu'il oublie ensuite ; il n'a pas de racines dans le sol, il erre de ville en ville sur toute la surface de la terre. Il n'en est pas de même du paysan qui naît, qui grandit, se marie, travaille et meurt dans la même ferme; devenu vieux, ce sont les mêmes scènes qui berçaient son enfance sur lesquelles se reposent maintenant ses yeux affaiblis ; il a des racines, lui, des racines qui le lient profondément à la glèbe. Qu'on les arrache, ces racines, et bientôt se dessèche et meurt son cœur. L'habitant des villes à qui l'on dit les douleurs qu'éprouve un campagnard à quitter sa ferme, doit croire que l'on exagère et que cet homme n'a pas de raison de souffrir plus que ces locataires qui changent de rue ou seulement même de maison, à chaque instant. Non, car ce n'est pas sa ferme qu'il quitte, ce fermier, c'est tout ce qui fut sa vie. » (*Cas de conscience*, par Ian Maclaren, traduit de l'anglais par Coulin).

Or, aujourd'hui, les taux des fermages sont réglés uniquement par la loi de l'offre et de la demande : « Quand deux propriétaires courent après un fermier, les fermages diminuent ; quand deux fermiers courent après un propriétaire, les fermages augmentent. » De la justice on n'en a cure, ou du moins elle est reléguée à l'arrière-plan ; le hasard, la force en tiennent lieu. Quoi d'étonnant si un pareil état chaotique aboutit à des ruines !

Par suite de son privilège, le propriétaire réussira presque toujours à imposer ses conditions. Au moins dans le début d'une organisation basée sur la loi de l'offre et de la demande — car nous avons constaté déjà ses dernières conséquences (1) — les demandeurs étant plus nombreux que les offrants, la hausse de la rente est certaine ; c'est ainsi qu'elle a augmenté dans des proportions exorbitantes de 1850 à 1875 (2).

A chaque renouvellement de bail, la loi de Ricardo produit ses effets : plus une terre a

(1) Voy. p. 31.
(2) Au moment où nous écrivons ces lignes, nous connaissons deux fermes à louer, l'une de suite, après saisie du fermier partant ; l'autre à la Saint-Michel 1898, c'est-à-dire dans dix-huit mois. Vingt et un laboureurs ont demandé la première ; onze sont déjà entrés en pourparlers avec le propriétaire de la seconde.

acquis de valeur, plus le propriétaire en augmente le loyer. Il y a antagonisme d'intérêts entre les deux parties. Le propriétaire est d'ordinaire un monsieur qui, dans le commerce ou ailleurs, d'une manière ou d'une autre, a acquis des capitaux. Bien entendu, il cherche le meilleur placement et, en homme avisé, il préfère la terre aux titres. Pourtant, la solidité du placement ne lui suffit pas : en bon capitaliste, il fera de son mieux pour accroître ses revenus, et celui-là, entre tous les chercheurs de travail, est certain d'avoir ses préférences, qui lui offrira la rente la plus élevée. Et à toutes les fois qu'il le pourra, c'est-à-dire à peu près tous les trois ans, il agira ainsi, ne laissant à son fermier que ce qui est strictement nécessaire aux besoins de sa subsistance... et encore pas toujours (1).

Voilà le fait. S'il n'écrase pas toujours le laboureur avec la même dureté, cela tient à certaines causes d'ordre secondaire, ou encore aux sentiments honnêtes d'un grand nombre de propriétaires. Mais ce sont là des exceptions à une

(1) Il est impossible de donner un aperçu quelque peu exact du taux des fermages, les circonstances étant trop variables dans lesquelles la loi de l'offre et de la demande exerce ses effets. — On peut seulement affirmer que les petites fermes sont louées d'ordinaire à un taux beaucoup plus élevé que les grandes. En Bretagne cette différence peut être évaluée à un tiers, en moyenne.

loi qui s'appuie sur le hasard alors qu'elle devrait reposer sur la justice.

Il est cependant hors de doute que la morale doit intervenir dans la stipulation du taux des fermages. Il n'est pas moins évident que la famille rurale a le droit de vivre des fruits de son travail.

Si les hommes étaient parfaits, cette obligation morale leur suffirait pour respecter les justes droits des uns envers les autres, et l'on ne verrait plus le plus fort opprimer le plus faible. C'est là un rêve, hélas. Le sentiment que nous avons de la loi morale ne suffit pas à nous retenir dans l'ordre ; l'égoïsme nous domine et entretient dans nos âmes la fièvre des appétits.

Voilà pourquoi le contrôle d'un tiers s'impose, qui élèvera la voix pour protéger la justice dans la fixation de la rente, en substituant à un devoir moral un devoir juridique. C'est ainsi que le droit présidera d'une manière plus certaine à la liberté des contrats.

Est-ce encore l'immixtion de l'État ou des communes dans les affaires privées que nous allons prôner ? Oui et non. Car, en l'absence d'organismes sociaux, d'associations professionnelles, l'État-pouvoir, qui est d'après la théologie

Custos justi... minister Dei in bonum, a le devoir de protéger la justice dans toutes les conventions humaines. Par « associations professionnelles », nous entendons la corporation, véritable société autonome dans laquelle les droits de chacun des membres trouveraient leur protection naturelle. Mais dans l'attente de ce régime corporatif que nous appelons de tous nos vœux, n'y a-t-il rien à faire? Ne serait-il pas possible au législateur d'ériger un tribunal compétent qui connaîtrait de ces difficultés qui surgissent entre propriétaires et fermiers spécialement pour ce qui regarde le taux des fermages? A notre avis, un conseil de prud'hommes agricoles siégeant au canton, composé mi-partie de propriétaires, mi-partie de fermiers, suppléerait avec avantage à l'état inorganique actuel, et nous permettrait de patienter en attendant le règne de la corporation. Son rôle serait double : il fixerait un *maximum de location par hectare* et *suivant les qualités de terrains, qui ne pourrait être dépassé*, et il trancherait au mieux des parties les désaccords qui surviendraient entre elles (1).

(1) Se rappeler que la loi fixe un maximum d'intérêt pour l'argent.
Le conseil mixte des syndicats parallèles se prêterait beaucoup mieux que les prud'hommes agricoles à l'exercice de l'emploi que nous leur assignons ici. (Pour avoir notre pensée complète, se reporter au chapitre des Syndicats parallèles.)

Nous voudrions voir les biens communaux, départementaux, domaniaux, soumis à ce contrôle. Bien plus, il serait désirable que l'État donnât lui-même l'exemple.

Le principal obstacle, dans notre manière de voir, viendrait de la difficulté pour les prud'hommes agricoles de *classer* les terres. Mais ce qui est fait par l'État, dans le cadastre, ne serait-il pas rendu plus facile à un conseil professionnel opérant sur place? Ce serait un classement à refaire, au moins en partie, après une période déterminée, par exemple tous les trois ans, sur la demande des intéressés, mais est-ce donc impossible?

De la sorte, nous éviterions bien des ruines. Le taux maximum établi par les soins des prud'hommes serait un cran d'arrêt à l'égoïsme naturel de l'homme qui n'a jamais assez; et les droits du faible, plutôt prêt à risquer son va-tout qu'à abandonner la partie dans la crainte de manquer de pain, recevraient ainsi une protection efficace (1).

(1) Après avoir réclamé le minimum des salaires pour les ouvriers, M. Ott ajoute : « Il est un autre élément du prix de revient qu'il ne serait pas moins important de fixer. C'est la rente, c'est le prélèvement que le propriétaire foncier fait en vertu de son monopole sur le produit du travail. Ici, ce n'est plus un minimum qu'il faut établir, mais un *maximum*. Ce que nous voudrions, c'est qu'en attendant la réalisation de l'idéal

§ 3. — L'ALIÉNATION DU DROIT DE FERMAGE.

La *stabilité* de la tenure, l'organisation d'un *contrôle dans la fixation du terme des fermages*, voilà deux améliorations importantes en faveur desquelles nous réclamons au nom de la justice, et dans l'intérêt même de la paix sociale.

Il en est une troisième qui complète la réforme du fermage, c'est la faculté laissée au cultivateur d'aliéner son droit de tenancier, le *tenant right* du fermier irlandais.

Si le commerçant, l'industriel, qui ont acquis à force de soins une clientèle retirent de ce fait un juste bénéfice quand ils aliènent ou leur commerce ou leur boutique en se faisant payer non seulement les marchandises en magasin, les outils de l'atelier, mais encore la *clientèle* proprement dite ; de son côté, le cultivateur, dont le travail a donné à son exploitation une partie de sa force productive, possède tout aussi jus-

lointain où la terre ne sera possédée que par des associations de travailleurs, la rente de la terre prît une valeur fixe, perpétuellement la même ; que chaque champ, chaque parcelle fût taxée à une redevance déterminée comme la censive du moyen âge ; que cette redevance ne pût être changée au gré des propriétaires et qu'elle fût pour le locataire cultivateur une charge connue toujours identique à elle-même et qui entrerait dans ses frais comme une avance constante, sans être sujette à aucune variation. » (*Manuel d'économie politique*, t. II, p. 374.)

tement le droit d'aliéner cette part de son labeur. Il a réellement ajouté *quelque chose* au domaine ; ce « quelque chose » durera un temps, il a donc un droit *réel* sur cette utilité qu'il a créée, et ce droit réel emporte la faculté d'aliénation.

Mais alors, objectera-t-on, c'est une sorte de propriété que vous attribuez au fermier ; ne craignez-vous pas que ce dominium nouveau ne nuise au droit de celui qui détient la propriété du fonds? Nullement : ce sont deux droits qui coexistent et qui ne se portent atteinte d'aucune manière. Le droit du propriétaire reste intact ; nous demandons seulement que le *premier droit* n'absorbe pas ce *droit second* — sorte de *dominium utile* — que le travail ouvrier y a ajouté.

Cette copropriété, reconnue déjà dans les *baux emphythéotiques*, aurait l'avantage de stimuler l'activité du cultivateur ayant ainsi l'espoir de tirer, en plus des fruits de la terre, une rémunération possible provenant de la fécondité déposée par son travail dans le sol à une époque voulue par lui.

Il ne faut pas confondre ce *droit d'aliénation* avec le droit à l'indemnité pour cause de plus-value dont nous avons parlé. Le droit d'indemnité s'exercerait en *fin de bail* et *vis-à-vis du propriétaire* : le droit d'aliénation dont il est question maintenant s'exercerait au *cours du bail*, vis-à-vis de *tierces personnes*, et comprendrait, avec la faculté de sous-louer après consentement du propriétaire, le droit pour le fermier de vendre l'amélioration dont il a été cause, et de la réaliser en monnaie quand il en aurait le désir.

Ainsi le fermier serait entièrement garanti dans tous ses droits : droit de travail, droit à la vie, droit aux fruits de son travail, moins la part prélevée pour le paiement de la rente. Il ne resterait plus qu'à l'acheminer lentement à la propriété, ce qui serait le rôle de l'épargne et d'une ingénieuse organisation de crédit. L'épargne naîtrait nécessairement de la situation faite dans notre système au fermier, si l'État protecteur des droits du travail ne lui prend pas par l'impôt une part trop considérable de ses revenus, et s'il assure à l'agriculture, par des droits sagement compensateurs, une situation égale à celle dont jouissent les autres branches de l'activité humaine.

Quant au crédit, nous sommes convaincus, et nous le répétons, que sa forme la plus parfaite est la forme Raiffeisen-Durand. Et nous n'hésitons pas à prétendre que dans un avenir plus ou moins lointain, lorsque la période de perfectionnement aura fait place à la période actuelle d'ébauche, les caisses rurales auront un rôle important à jouer en facilitant l'accession du prolétaire, du fermier, du métayer, à la propriété, « terme final de l'évolution sociale », suivant le beau mot chrétien de M. le comte de Rocquigny.

APPENDICE

LES RENTIERS ET LA VALEUR VÉNALE DES TERRES

Que deviendront les petits rentiers, dans votre système, nous dit-on? En diminuant ainsi leurs revenus, en les forçant à recommencer une vie de travail, vous les condamnez à la gêne...

Les petits rentiers méritent assurément qu'on s'intéresse à leur sort. Il est conforme à la justice, qu'après avoir épargné, au cours d'une longue vie pénible, ils jouissent un jour, à leur aise, des fruits de leurs épargnes lentement recueillies. Mais à la condition, toutefois, qu'ils n'entravent pas la marche du progrès social et que les avantages dont ils bénéficient n'accablent pas, par un contre-coup nécessaire, les personnes qui les aident à vivre en exploitant leurs terres.

Qu'on le comprenne donc une bonne fois : il existe un *juste* prix de fermage, comme il existe un *juste* prix de vente qu'il n'est jamais permis de dépasser, sans se rendre coupable. La justice ne s'inquiète pas de savoir si celui qui vend est riche, ou si, au contraire, il est pauvre ; elle s'inquiète de la *valeur* de l'objet et elle exige que cette valeur soit justement appréciée et échangée. C'est toute la question.

On chercherait donc, en vain, à nous apitoyer, par un effort de fausse sentimentalité, sur le sort d'un rentier « petit » ou « gros » : les droits de chacun méritent d'être sauvegardés à un titre égal ; et, sous ce prétexte qu'une organisation sociale comme celle de nos fermages est profitable à toute une catégorie intéressante de membres de la société, ce ne sera jamais une raison de la maintenir, si elle ne repose pas sur cet appui inébranlable qui est la justice et si elle n'a pas pour résultat immédiat de procurer à chacun ce qui lui est dû.

A la suite des réformes que nous avons réclamées au chapitre précédent, s'il arrivait que les revenus des petits rentiers subissent une diminution, il nous suffirait de savoir, pour la désirer encore, que cette diminution — étant juste — profitera à d'autres familles de laboureurs obligées de travailler. Un pareil changement, s'il était opéré brusquement, provoquerait assurément des larmes. Mais qui ne sait que, dans une évolution sociale, les intéressés ont toujours le temps de se prémunir contre ses conséquences?

D'ailleurs, si cette transformation, ainsi que nous l'espérons, contribuait à rendre la vie moins dure à une quantité de petits fermiers, à multiplier les naissances et à diminuer la misère, ces larmes seraient largement compensées par ces trop réels avantages pour laisser la sensibilité prendre le pas sur la raison.

Nous aurions tort de nous préoccuper outre mesure des rancunes des petits rentiers. Ayant péniblement acquis ce qu'ils possèdent, ils ont gardé, jusque dans leur vieillesse, des habitudes de travail et de sacrifice; aussi bien, le cas échéant, leur en coûterait-il moins qu'à d'autres de s'imposer quelques nouvelles privations que les circonstances auraient rendues nécessaires.

Les riches propriétaires s'accommoderont moins facilement de cette pensée d'une diminution probable dans leurs revenus. Se condamner à une vie de travail, quand l'oisiveté, parée de tous ses charmes, se présente à nous dès notre berceau pour être la « dame » de notre vie ; réduire son « train », alors que, depuis l'âge le plus tendre, les serviteurs s'empressent autour de nous pour nous épargner jusqu'à la moindre incommodité ; ne plus mettre son point d'honneur dans le *farniente,* mais dans une vie pleine, débordée ; — passer son temps à la campagne sans ce cortège d'attractions qui se donnent rendez-vous, suivant les saisons, à la grande ville, sur les côtes, aux stations thermales en vogue ; tout cela demande trop de vertu pour être facilement accepté, et, ce serait méconnaître la nature humaine que de supposer qu'elle se résignera, de gaîté de cœur, à une transformation aussi radicale de nos mœurs sociales.

L'idée chrétienne de la modération dans les jouissances, de l'obligation du travail, sans cesse rappelée et sans cesse méditée, y contribuera efficacement. D'autres motifs encore sont propres à rapprocher de nos idées les riches propriétaires : l'obligation morale du travail à laquelle sont soumis tous les hommes se changera vite en une dure nécessité physique ; les sentiments d'honneur et d'estime s'attacheront, de plus en plus, à l'action de travailler, que ce soit intellectuellement, ou de toute autre manière ;

l'accroissement des richesses que provoquent les découvertes nouvelles diminuera sensiblement le taux de l'intérêt et de la rente; enfin on s'illusionnerait à penser que les hommes du *quatrième état* se contenteront longtemps de la reconnaissance de leurs droits politiques. Ces droits politiques, que notre démocratie leur confère et que personne ne peut légitimement songer à leur contester, les amèneront à réclamer, un jour, une part de propriété.

Tous les événements contemporains justifient ces remarques, et si, comme le faisait remarquer M. Henri Savatier, dans l'*Association catholique*, — savante revue sociale dont on connaît les fondateurs illustres — « il y a quelque mérite aux membres des classes dirigeantes et possédantes à se ranger autour d'idées réformatrices destinées à rejaillir, de plus d'une façon lourde, sur la pratique de leur vie », elles sont trop intéressées à ce que l'évolution en train de s'accomplir ne dégénère pas en une agitation révolutionnaire pour se mettre en travers du mouvement démocratique chrétien.

La société, en effet, n'aura bientôt plus que le choix entre l'idée socialiste et l'idée démocratique chrétienne. Des deux partis auxquels l'idée a donné naissance, l'un procède d'un sentiment de justice et de charité; toutes ses revendications, il les abrite derrière cette maxime essentiellement chrétienne : *Qui peut plus doit plus; qui peut moins reçoit davantage*. L'autre base aussi son programme sur la justice, mais, sur la justice entendue au sens faux où l'entendait Proudhon. Né d'une pensée de haine et d'envie, il pousse à la haine en flattant les pires instincts de l'homme, et il n'est pas rare d'entendre ses chefs, aux jours de franche gaîté, soupirer tout haut après l'émeute et la révolution.

Ces considérations se recommandent à la réflexion des riches, par leur gravité, par ce je ne sais quoi de vécu qu'elles empruntent à notre histoire de tous les jours. Les accueillir favorablement, ne constitue pas seulement pour eux un devoir. Il y va encore de leur intérêt.

On nous objectera à nouveau :

Pourquoi chercher à réduire la rente? Ignorez-vous donc que l'argent placé en terres rapporte beaucoup moins que l'argent placé dans l'industrie ou le commerce? C'est à peine si les terres rapportent à leurs propriétaires 3 p. 100, en moyenne, tandis que l'industrie rémunère davantage les capitaux qui lui sont confiés (1).

(1) La rente ne présente pas ce caractère d'uniformité que laisse supposer l'objection; sa variabilité est une conséquence

Cette objection porte à faux.

Si, en effet, les capitaux placés en terres rapportent moins que les mêmes capitaux placés dans le commerce ou l'industrie, ce phénomène économique s'explique par la hausse constante du prix des terres, et cette hausse elle-même provient, à son tour, du taux croissant des fermages.

Nous avons vu plus haut que, dans la plupart des cas, les fermiers courent après la ferme et que la hausse des fermages en était la conséquence inévitable. Or, la valeur vénale des terres monte ou baisse avec le taux des fermages; si ce taux est élevé, leur valeur vénale augmente dans les mêmes proportions; s'il baisse, elle diminue.

Voici, d'après M. de Foville, statisticien fameux, la progression que cette valeur a suivie depuis 1789 :

Valeur moyenne de l'hectare	en 1789.......	500 fr.
—	—	en 1815.......	700 —
—	—	en 1821.......	800 —
—	—	vers 1835.......	1000 —
—	—	en 1851.......	1275 —

forcée de la loi de l'offre et de la demande qui la régit. Il se peut que dans certaines régions, pour des raisons spéciales, la rente ne dépasse pas ce taux moyen. Il est non moins certain qu'elle monte à 5 p. 100 et quelquefois même davantage en d'autres régions.

Valeur moyenne de l'hectare en 1862	1850 fr.
— — en 1874	2000 —
— — en 1879	1830 —
— — en 1884	1785 —
— — en 1889	1700 —

On le voit, par le tableau qui précède, cette valeur a atteint son maximum vers 1874. Depuis elle a baissé. Mais cette baisse est elle-même un fait accidentel attribuable à une série de circonstances extérieures, telles que la crise monétaire, les mauvaises récoltes, les maladies de la vigne, les importations des pays neufs. Déjà les terres augmentent de prix. Ainsi l'exige notre organisation du travail agricole : plus l'ouvrier recherchera la terre pour en vivre, plus les fermages hausseront, et, conséquence forcée, la valeur vénale des terres suivra une progression parallèle.

Il en résulte que, si on réussit, par une organisation nouvelle des fermages, à sauvegarder les intérêts du fermier, on sauvegardera du même coup les intérêts de toute personne qui cherche à échanger son capital-argent contre un capital-terre. Cette organisation nouvelle ne soustrairait pas seulement le taux des fermages aux effets bizarres d'une loi capricieuse comme l'est la loi de l'offre et de la demande, *elle soustrairait aux mêmes effets la valeur vénale des terres elles-mêmes.*

Soit, par exemple, une propriété louée sous notre régime actuel 5 000 francs ; cette propriété peut avoir une valeur vénale de 150 000 francs ; si, sous un autre régime, son fermage tombait à 3 000 francs, il suffirait de 90 000 francs pour en faire l'acquisition, le taux de capitalisation, c'est-à-dire le rapport entre son revenu annuel et sa valeur vénale, étant, dans l'un et dans l'autre cas, de 30 p. 100.

Le revenu annuel de l'acquéreur nouveau ne varie donc pas sous l'un et l'autre régime. En effet :

Il a pu acheter 3 000 francs de rentes au prix de 90 000 francs ;

S'il achète 2 000 francs de nouvelles rentes en terres au même taux de capitalisation, soit au prix de 60 000 francs,

Il aura acquis, pour la même somme de 150 000 francs, la même rente de 5 000 francs.

La réforme des fermages dont nous avons parlé ne contribuera donc pas à réduire sa rente, mais elle aura pour résultat certain d'améliorer le sort du fermier.

Le propriétaire, avec la même somme d'argent, pourra toujours acheter le même titre de rente, tandis que le fermier, ne subissant plus la loi du plus fort, sera garanti dans ses droits sur les fruits de son travail, et, le prix d'achat de la terre n'étant plus calculé d'après l'offre et la demande, mais d'après sa juste valeur, il sera plus à même d'acquérir l'instrument de travail qui lui est nécessaire.

CHAPITRE V

LE MÉTAYAGE

Nous avons étudié jusqu'ici la nature du fermage, ses inconvénients, et indiqué les réformes qui nous paraissent les plus aptes à assurer la justice du contrat entre bailleur et preneur. Il nous faut maintenant aborder l'examen d'un autre régime d'exploitation agricole, le métayage.

Le métayage, qui porte aussi le nom de bail à mi-fruits, peut se définir plus justement :

« Un mode d'exploitation dans lequel le propriétaire abandonne, pour un temps, la culture de sa terre et souvent même une partie des capitaux d'exploitation à un colon qui s'engage à lui tenir compte de la moitié des fruits récoltés. »

Notons une première différence entre le métayage et le fermage : l'un est un contrat de société, l'autre un contrat de louage ; dans celui-ci : « l'une des parties s'oblige à faire jouir l'autre d'une terre pendant un certain temps et moyennant un certain prix que le preneur s'oblige de lui payer » ; dans celui-là : « les deux parties conviennent de mettre quelque chose en commun, dans la vue de partager le bénéfice qui pourra en résulter », *positis ponendis*, toutefois.

Cette différence constitue déjà, au seul point de vue de la science sociale, une supériorité notable du métayage sur le fermage; une certaine communauté d'intérêts y remplace la loi du plus fort; nous ne sommes plus en face d'une entreprise où le capital s'est assuré à lui-même toutes les chances, laissant tous les risques principaux à la charge du travail; il a recherché le travail, ils se sont associés, s'engageant à se céder l'un à l'autre une part des fruits déterminée. Il est vrai que le cultivateur n'est plus maître absolu du mode et des méthodes d'exploitation; le propriétaire peut lui enjoindre qu'il aura certaines récoltes à faire, certains arbres à planter, certains engrais à employer de préférence à d'autres. Mais est-ce un mal, et n'est-ce pas plutôt un second avantage? Que, dans certains cas donnés, une intervention maladroite ou capricieuse du maître occasionne des ennuis au métayer, c'est tout à fait possible.

Il est permis aussi de croire que le contraire arrivera plus souvent. Si le maître est doué d'assez d'intelligence pour comprendre ses devoirs sociaux et de cœur pour les mettre en pratique, le patronage intéressé qu'il exercera dans la métairie produira les plus heureux résultats pour l'une et l'autre des parties, aussi bien que pour le développement de la science agricole proprement dite. Il apportera la théorie, et le colon, la pratique. Dans de telles conditions, nous ne voyons pas que cette direction plus ou moins effective, plus ou moins habile, devienne une source de mesquines tracasseries dont aurait à souffrir le métayer. Comparez cette situation à celle qui est faite au fermier les trois quarts du temps par l'intendant du maître, sorte d'huissier chargé de recouvrer les rentes d'un monsieur inconnu, et demandez ensuite au laboureur, à quel régime iront ses préférences?

Comme on le voit, le métayage est une invitation pour le propriétaire à ne pas s'éloigner des champs; il peut efficacement remédier à ce mal de l'*absentéisme* : il rapproche ainsi deux catégories de personnes sociales d'intérêts distincts, et prépare l'harmonie et la paix sociales, la charité et le dévouement dans ce monde rural où règnent trop souvent, sous le régime du fermage, le désaccord et la lutte pour la vie, l'égoïsme et l'individualisme.

Ce ne sont pas les seuls avantages qu'il présente. A notre époque de *dupe-échangisme* où les gouvernements se sont complus à faire risette aux ouvriers des villes, sans pouvoir arriver à améliorer leur condition, la crise agricole revêt un caractère d'acuité inquiétant. Tout le monde sait que les ventes sur saisies immobilières à la campagne ont plus que doublé de 1878 à 1895, que le très grand nombre des fermiers réussit tout juste à nouer les deux bouts, que beaucoup se ruinent complètement, que les propriétaires, en beaucoup d'endroits, ne trouvent plus preneurs pour leurs fermes et que les fermiers manquent souvent d'aides pour exploiter leurs terres. Ces résultats attristants, dus, il est vrai, à des causes multiples, ne présenteraient pas une égale gravité sous le régime du métayage.

Et, en effet, si le métayer n'a pas droit, comme le fermier, à tout le bénéfice que lui apporte — rarement — une année exceptionnellement bonne, il n'est pas exposé non plus comme lui à subir la perte entière de son travail occasionnée ou par des accidents, ou par l'intempérie des saisons. Le fermage pratiqué dans les conditions de réformes que nous avons énumérées peut être plus avantageux dans les riches années ; le métayage l'est davantage dans les années ordinaires, et, à plus forte raison, dans les mauvaises. Nous n'ignorons pas que les hommes éprouvent pour les jeux de hasard un attachement étrange, chacun espérant toujours attraper le gros lot. La modération dans les désirs nous semble plus conforme à la sagesse et quoique nous aimions d'un amour particulier les individus d'initiative, nous pensons qu'il ne faut pas les confondre avec les aventuriers de la fortune, et que pour un père de famille, « un tiens vaut mieux que deux tu l'auras ». Être assuré de sa subsistance, c'est bien en effet quelque chose, surtout quand cette assurance n'exclut nullement chez le métayer l'espoir d'ajouter au bas de laine — souvenir d'un temps qui n'est plus — quelques pièces d'or, si la récolte est bonne. Le fermier n'en saurait dire autant. Trop souvent, hélas ! sa situation est incontestablement plus précaire. Et notez que son maître n'est pas intéressé à s'en inquiéter beaucoup, attendu que, de par la loi, il jouit d'un premier privilège « sur les fruits de la récolte de l'année, sur le prix de tout ce qui garnit la ferme et de tout ce qui sert à son exploitation » (art. 2102 du Code civil), et qu'il est ainsi garanti contre les mauvaises affaires de son preneur. Dans le métayage, le propriétaire, autant que le métayer, est directement intéressé au contraire à la bonne venue des récoltes dont il doit avoir la moitié.

Il ne peut donc que gagner à devenir un administrateur prévoyant, soucieux des intérêts présents qu'il servira en usant des procédés agronomiques les plus cotés, soucieux aussi des intérêts de l'avenir de sa terre en ne permettant pas au métayer d'en épuiser d'un seul coup la fertilité.

Les conséquences au point de vue directement économique du capital et du travail ne sont pas moins heureuses. Nous allons le prouver, avec chiffres à l'appui.

On connaît le principe : Le capital a besoin du travail et le travail a besoin du capital : ils s'appellent l'un l'autre, aucun d'eux ne pouvant se suffire à lui-même. C'est leur bonne entente qui assure le succès d'une entreprise. Aussi, dans le régime que nous étudions, quand le propriétaire consent à commanditer son métayer, les résultats dépassent de beaucoup les résultats du bail à ferme et même du faire-valoir direct.

M. Jules Rieffel l'a constaté pour les départements de l'Ouest et de la Bretagne : « Le fermage, nous dit-il, rapporte en moyenne 25 francs par hectare, le faire-valoir direct 30 francs, le métayage 40 à 50 francs. »

M. Daniel Zolla, l'intéressant chroniqueur du *Journal des débats*, le remarque lui aussi. Nous ne pouvons mieux faire que de citer l'exemple choisi entre beaucoup d'autres qu'il apporte en preuve de son assertion. Il s'agit d'un domaine du Limousin d'une contenance de 40 hectares se répartissant de la manière suivante :

1° 14 hectares, terres arables.

2° 11 hectares, prairies naturelles.

3° 1 hect. 50, prairies temporaires.

4° 2 hectares, taillis.

5° 1 hect. 50, châtaigneraies.

6° 10 hectares, bruyères.

Le propriétaire *vit sur son domaine avec son associé métayer*.

Voici l'apport des deux contractants :

Apport du propriétaire.

1° La terre, bâtiments d'habitation, un stock de fourrage et d'engrais..............	40.000 fr.
2° Un capital d'exploitation comprenant :	
a) 2 bœufs.............................	
b) 12 vaches d'élevage..................	
c) 1 vache laitière.....................	
d) 4 génisses..........................	9.400 fr.
e) 10 élèves...........................	
f) 50 brebis et 1 bélier................	
g) 2 truies et 1 porc...................	
3° Charrettes, charrues, houe..............	600 fr.
Total...................	50.000 fr.

L'apport du métayer n'est guère que de 500 francs.

Voilà certes un cas où le capital a mieux fait que de donner au travail le « baiser Lamourette », c'est une confiance parfaite, digne de tout éloge. A-t-elle été trompée? Nullement, et il sera facile de nous en convaincre en considérant les conclusions — à notre avis très éloquentes — de M. Daniel Zolla.

1º Recettes.
- Produit du bétail........ 6.811 fr. 45
- Produit des cultures..... 1.218 fr. 20
- Total................. 8.029 fr. 65

2º *Dépenses.*

- a) Achats d'animaux.................. 645 fr.
- b) — d'engrais.................. 161 fr. 85
- c) — de fourrages................ 998 fr. 60
- d) — de son et tourteaux......... 641 fr. 70
- e) Impôts, assurances, main-d'œuvre, maréchal-ferrant..................... 702 fr. 85
- Total................. 3.150 fr.

La différence des recettes sur les dépenses est de 8029 fr. 65 — 3150 = 4879 fr. 65. La part de chacun a donc été de 2439 fr. 80.

Ceci est le revenu net de l'année 1894. En 1893, il avait été de 2574 et en 1892 de 3065 francs.

Or, notez que cette exploitation pourrait *être affermée au prix de 1 600 francs seulement*; le propriétaire est donc directement intéressé à s'occuper de sa terre et à en faciliter la culture par l'avance d'un capital d'exploitation. Il ne s'agit pas, ajoute M. Daniel Zolla, d'un contrat de bienfaisance, d'une institution charitable ou d'un acte de philanthropie. Nous ne regrettons même pas qu'il en soit ainsi. Le métayer ne reçoit pas un cadeau, il n'a pas à reconnaître un bienfait, son propriétaire reste son associé. Reposant sur cette base, leur association est plus conforme à la moyenne des sentiments humains. Il est bon aussi de montrer qu'en s'intéressant aux choses de la terre, un propriétaire peut placer ses capitaux d'une façon avantageuse. L'exemple que nous venons de citer servira à le prouver.

C'est une question vidée. Le métayage l'emporte sur le bail à ferme, et, règle générale, il est plus avantageux tant au colon qu'au propriétaire.

Le métayage a cependant été fort décrié. N'était-il pas un vieux débris du moyen âge ? et cette seule considération ne suffisait-t-elle pas pour qu'on lui déclarât la guerre ? On en revient de ce jugement hâtif, et si parmi les libéraux — nous préférons dire les libéralistes — on continue à lui faire un procès de tendance, d'un autre côté, propriétaires et paysans commencent à mieux apprécier ses réels avantages. Actuellement environ 350 000 exploitations sont soumises à ce régime et, quoique leur superficie n'atteigne que 12 p. 100 de la superficie des terres arables, on peut déjà prévoir que le métayage pratiqué avec intelligence aura raison, tôt ou tard, du bail à ferme, son concurrent.

Le reproche qu'on lui adresse d'être *une invitation au vol* n'est pas fondé ; il est seulement un *confirmatur* de cette vérité de sociologie chrétienne, que *le progrès dans l'organisation sociale marche de front avec le développement moral*. Dans la vie courante, si les ruraux n'apprécient pas à sa juste valeur ce régime d'exploitation, et si, notamment, ils lui préfèrent le fermage, cela vient sans doute de cette indépendance absolue dont les hommes ont soif dans notre société individualiste ; chacun cherche à être son maître, et n'entend relever de qui que ce soit ; nous sommes devenus un peuple d'enfants en liesse, peu soucieux de ses intérêts temporels ou moraux, n'attachant de prix qu'à l'absolue liberté — deux mots qui jurent pourtant d'être accouplés — quand même cette liberté menteuse lui enlèverait son pain ou sa vertu.

Cette mésestime du métayage que l'on a à la campagne vient aussi de ce que, *dans la pratique*, les propriétaires ont imposé de nombreuses charges de détail à leur coassocié.

Nous avons là, sous nos yeux, copie de nombreux baux à mi-fruits, véritablement très lourds aux métayers. « Les preneurs, y est-il dit dans l'un, feront chaque année, à leurs frais, toutes les réparations locatives aux bâtiments et couvertures, ils fourniront le trempage aux ouvriers employés sur la métairie par le bailleur, et amèneront à pied d'œuvre les matériaux nécessaires, ils entretiendront à leurs frais toutes les portes et fenêtres de serrures, clefs, peintures, loquets, gonds, verrous, crochets, ainsi que les auges, mangeoires et râteliers, de même ils entretiendront le pressoir, toutes ses pièces et ustensiles. Les preneurs feront chaque année pour le service du bailleur et à son premier réquisitoire, avec leurs domestiques, chevaux, voitures ou charrues, une certaine quantité de charrois avec deux chevaux et deux bœufs pour tel ouvrage qu'il plaira au bailleur d'indiquer, sans que le bailleur soit tenu de nourrir hommes et animaux. Il sont tenus de fournir, par chaque vache, une quantité déterminée de beurre, de la paille de blé blanc, du foin, et une somme d'argent pour payer les primes d'assurances, etc. »

Il saute aux yeux que de pareilles charges diminuent singulièrement les revenus du métayer, il peut même arriver que le propriétaire ne lui en laisse que la part strictement nécessaire à sa subsistance.

C'est que le métayage, bien que rapprochant le capital et le travail, permet toujours au propriétaire d'abuser de son monopole pour imposer au métayer des conditions onéreuses. Ce n'est pas le moment de reprendre la thèse que nous avons déjà exposée, et de montrer comment, dans la situation actuelle, la liberté du cultivateur peut n'être pas suffisamment garantie. Nous l'avons prouvé ailleurs, nous n'y reviendrons pas. Voilà pourquoi, pour les mêmes motifs que lorsqu'il s'agissait du fermage, nous demanderons une réforme du métayage pour la durée du bail que nous voudrions indéfinie et ne pouvant être rompue que dans les deux cas suivants : inexécution du contrat, ou exploitation de la métairie par le propriétaire. Nous voudrions en outre que l'on complétât cette première réforme par cette autre : interdiction faite au propriétaire d'ajouter au contrat de métayage ces multiples charges de détail dont nous venons de voir un exemple, de telle sorte que le métayage ne soit plus un trompe-l'œil, et que, dans la pratique, il garde sa véritable signification : la partage égal des fruits entre le propriétaire et le colon.

CHAPITRE VI

LA PETITE PROPRIÉTÉ

Les statistiques officielles divisent les propriétés envisagées sous le rapport de leur étendue en cinq catégories : 1° les propriétés au-dessous de 1 hectare, — 2° les propriétés de 1 à 5 hectares, — 3° les propriétés de 5 à 10 hectares, — 4° les propriétés de 10 à 40 hectares, — 5° les propriétés au-dessus de 40 hectares.

Cette division ne nous inspire qu'une médiocre confiance. La valeur d'une terre varie avec sa fertilité naturelle, l'excellence et aussi le genre de sa culture. Un hectare planté en vignobles, par exemple, vaudra dans le département de l'Hérault 10 000 francs ; un hectare de landes bretonnes n'en vaudra pas 500. C'est une relativité que les statistiques n'ont pas le don d'enregistrer, mais dont la science sociale doit tenir compte pour arriver à des conclusions justes. Voilà pourquoi, nous inspirant en cela de l'idée fondamentale de l'école démocratique chrétienne, nous trouverions plus exact de définir la petite propriété dont nous avons à nous occuper « celle dont les produits suffisent à la subsistance d'une famille ordinaire, travailleuse et honnête ».

§ 1ᵉʳ. — NOMBRE DES PROPRIÉTAIRES RURAUX.

Le territoire agricole de France mesure 49 338 304 hectares et se répartit de la manière suivante entre ses possesseurs, d'après l'*Annuaire de l'économie politique* pour 1886.

On compte :

		Au-dessous de :	Mesurant :
8.585.323	cotes foncières	1 hect.	2.574.589 hect.
3.725.173	—	1 à 5 —	8.647.714 —
872.887	—	5 à 10 —	6.245.142 —
698.326	—	10 à 40 —	12.700.087 —
163.102	—	plus de 40 —	19.211.772 —
14.044.811			49.338.304 (1)

(1) Dans l'estimation de la superficie occupée par la petite propriété, il y a lieu de tenir compte des terres appartenant à des personnes morales (communes, établissements publics, etc.). Ces terres nous semblent devoir en grande partie figurer dans la catégorie des grandes propriétés. La superficie de ces biens de mainmorte est de 6 millions d'hectares qui se répartissent ainsi :

Propriétés de l'État (bois, routes, etc.).	1.011.155 hect.
— communales.............	4.621.450 —
— départementales.........	6.513 —
Établissements publics et religieux..	321.598 —
Total...................	6.020.716 hect.

Une cote foncière ne représente que les immeubles ruraux possédés dans *une seule commune* par le même propriétaire. Un propriétaire peut posséder dans plusieurs communes ; par suite le nombre des cotes foncières n'indique pas le nombre des propriétaires. D'après M. de Foville, le savant économiste, il ne faut compter pour 100 cotes que 55 propriétaires, ce qui nous donne pour la *propriété urbaine et la propriété rurale réunies* un chiffre de 8 millions de propriétaires.

Ce chiffre correspond aux calculs résultant de l'enquête officielle de 1882, qui estimait le nombre exact des propriétaires français à 8 454 000, et qu'elle départageait comme il suit :

Propriétaires d'immeubles sans aucune dépendance en terre....................	3.619.000
Propriétaires de biens ruraux (1).........	4.834.000

Si maintenant le lecteur — non rebuté par ces escadrons de chiffres tapageurs — veut bien se reporter au tableau de la répartition des cotes

---

(1) Parmi les propriétaires de biens ruraux, on compte :

Propriétaires cultivant exclusivement leurs terres................................	2.150.696
Propriétaires cultivant leurs terres et travaillant en outre pour autrui...........	1.374.646
Propriétaires louant leurs terres..........	968.000
— donnant leurs terres en métayage.................................	341.000
Total...................	4.834.342

foncières et se souvenir que pour 100 cotes, il ne peut légitimement compter plus de 55 propriétaires, il arrivera à conclure avec M. Ott : « Sur les 8 millions de propriétaires fonciers, 100 000 *environ possèdent la moitié du territoire*, — 700 000 s'en partagent trois autres dixièmes, et il n'en reste qu'un cinquième pour la masse de plus de 7 millions de petits possesseurs qui figurent sur les registres des cadastres (1). »

Et ainsi nous arrivons à cette double constatation : *un grand nombre de propriétaires ruraux*, et UNE RÉPARTITION TOUT A FAIT INÉGALE DE LA PROPRIÉTÉ RURALE ENTRE CES DIFFÉRENTS PROPRIÉTAIRES.

§ 2. — AVANTAGES ET INCONVÉNIENTS DE LA PETITE PROPRIÉTÉ.

Aucune thèse abstraite n'est autant propre à établir les avantages sociaux de la petite propriété que « cette leçon de choses » tirée de la Communauté de Fort-Mardick. Nous laissons la parole au docteur Lancry (2).

« Le Fort-Mardickois a sa nourriture indispensable assurée et sans bourse délier. Quand vous venez de la mer, messieurs, à quoi passez-vous

---

(1) Ouvrage cité, p. 433.
(2) Revue *le XX° Siècle*, novembre 1892.

votre temps? Comment comblez-vous les vides de votre vie si laborieuse? Vous ne savez que faire de votre temps libre, vous allez au café, vous achetez les journaux, vous fumez du tabac, vous dépensez de l'argent. Le Fort-Mardickois, lui, emploie ses loisirs à cultiver son jardin, et il est aidé dans cette culture par sa femme et ses enfants qui grandissent. Or, ce travail supplémentaire qui ne coûte rien, et qui est presque un agrément, donne des légumes pour toute la famille. Le jardin permet de nourrir des poules qui donnent des œufs, une chèvre qui donne du lait, des lapins et quelquefois un porc qui donne sa chair. Le jardin assure donc l'indispensable ; il fournit même un excédent, avec lequel les ménagères viennent faire quelque argent à Dunkerque.

« Le Fort-Mardickois a, non seulement sa nourriture assurée, mais encore son habitation ; car les 24 ares de terrain sont le centre d'appel de toutes les économies et le remède assuré contre les folles dépenses. Au commencement de son mariage, le Fort-Mardickois bâtit une maison composée d'une cuisine, d'une chambre à coucher et d'une remise. Quelques années plus tard, il complète sa maison par une salle à manger et une nouvelle chambre à coucher. Presque toutes les familles de Fort-Mardick parviennent, après quelques années, à posséder une maisonnette qui vaut 3 500 francs ; et cela, malgré les enfants qui arrivent toujours très nombreux, car les parents n'ont nul souci de leur établissement : la mer et l'association n'y pourvoient-ils pas ?

« Enfin, avec les années, la maison étant construite, le Fort-Mardickois arrive à l'aisance et quelquefois même, en se faisant armateur, à la richesse. Mais négligeons ces exceptions et restons sur le résultat général : l'aisance pour tous ceux qui ne sont pas victimes des accidents de mer.

« Or, messieurs, notez que ce résultat est obtenu grâce aux 24 ares d'un terrain constitué exclusivement par du sable. Il a fallu, pour le fertiliser, creuser quelquefois jusqu'à un mètre de profondeur, pour ramener à la surface du sol quelque couche d'humus enfoui aux âges géologiques. Que serait-ce donc, si ce terrain était foncièrement fertile et si le Fort-Mardickois avait le salaire du travailleur du territoire ?

« Eh bien ? ce résultat mérite de fixer toute votre attention : il démontre, au point de vue économique, qu'une société philanthropique, qu'une compagnie de chemin de fer, qu'une société houillère, qui ferait crédit au travailleur de 24 ares de terrain au moment de son mariage, pourrait rentrer dans ses fonds après quelques années. Pourquoi les sociétés houillères n'essayeraient-elles pas ce système, au lieu de bâtir ces « corons » qui rappellent les cases que les planteurs édifiaient au Brésil pour loger leurs esclaves.

« Tels sont, messieurs, les avantages matériels assurés par l'« Association » au Fort-Mardickois ; ces avantages produisent la moralité et la noblesse des sentiments. Le Fort-Mardickois vit dans son pays, entouré de sa femme et de ses enfants, protégé par la sainteté du foyer domestique et par le souvenir des aïeux qui tous ont été d'honnêtes gens. La seule aristocratie qu'il connaisse est celle du mérite et des services rendus. Les seuls parchemins qui aient du prix à ses yeux sont les diplômes de maître au cabotage ou de capitaine au long cours.

« Aussi, ce pays est le plus uni et le plus libéral qui existe. Les mœurs y sont pures, l'alcoolisme ignoré, les divisions politiques inconnues. Les conseillers municipaux y sont nommés à l'unanimité des votants. Le savoir y est en honneur. Au siècle dernier, ils improvisaient comme instituteurs quelques douaniers retraités et recommandables par une vie exemplaire : tous les enfants savaient lire et écrire. Au siècle présent, ils bâtissent des écoles bien avant la loi de l'instruction obligatoire ; combien de communes, en France, en ont-elles fait autant? Je vous ai dit dans une conférence précédente que le paupérisme était inconnu à Fort-Mardick, qu'un hôpital gracieusement offert par M. Bray avait été refusé. J'ajoute que les procès y sont inconnus, et que de mémoire d'homme, jamais enfant de Fort-Mardick n'a passé en police correctionnelle et encore moins aux assises.

« Cette admirable constitution démontre que la possession d'une parcelle de terre en propriété inaliénable est l'instrument de crédit, l'instrument de travail, l'instrument de moralisation le plus parfait qu'on puisse rêver. Elle démontre encore que la propriété inaliénable, celle qu'on appelle de mainmorte, est le remède efficace à l'excès de la concurrence. Ainsi défendu, le travailleur peut lutter pour la vie contre des adversaires beaucoup plus forts : il pourra être vaincu, mais jamais écrasé, jamais atteint dans ses forces vives, dans son existence à lui et à celle de sa famille, car il gardera toujours le strict nécessaire pour vivre en travaillant et conserver sa liberté.

« La généralisation d'un tel système serait un bien pour toute la France, car les deux plaies sociales, les plaies hideuses de notre société moderne, le prolétariat et la dépopulation sont complètement inconnus à Fort-Mardick (1). »

Le *foyer* de famille, le *bien* de famille, « le minimum de terre et de maison qu'il faut à l'homme pour respirer et vivre avec les siens, ce minimum (que nous avons appelé la petite propriété) n'est pas une source de revenus, c'est un abri nécessaire. »

L'économie libérale ne raisonne pas de même. A ses yeux, la petite propriété commet le crime énorme d'entraver le progrès agricole, et partant elle mérite d'être anéantie : « Est-ce que, nous disent messieurs les libéralistes, la fin dernière de la société n'est pas de pousser à un accroissement indéfini de richesse? Or, avec cette répartition de la petite propriété, que vous réclamez, il devient impossible de se servir des machines, de mettre d'immenses capitaux au service d'exploitations immenses où l'entrepreneur réduira à leur minimum les frais de mise en culture. »

Ce raisonnement repose sur une erreur mons-

---

(1) « La natalité à Fort-Mardick est de quarante-trois enfants pour mille habitants; la mortalité est extrêmement restreinte, parce que les mères allaitent leurs enfants ; aussi, la population se double tous les vingt-cinq ans. On y compte un enfant naturel sur soixante naissances. »

trueuse. La fin dernière de l'homme sur cette terre n'est pas de travailler à l'accroissement démesuré des richesses, mais à vivre convenablement et à faire vivre sa famille. Sans doute l'augmentation des richesses d'un pays est un bien qu'il importe de promouvoir; sans doute, le progrès agricole mérite d'être encouragé, mais à une condition, c'est que la répartition de ces richesses se fasse d'une manière équitable, que ce progrès serve l'homme, et que « le monopole du travail et des effets de commerce devenus le partage d'un petit nombre de riches et d'opulents n'imposent plus ainsi un joug servile à l'infinie multitude des prolétaires (1). »

Du reste est-il vrai que la petite propriété soit un obstacle au progrès agricole? Il faut s'entendre. S'il s'agit de bons soins à donner à la terre, il nous semble au contraire que le propriétaire y sera plus directement intéressé que tout autre. Au dire de saint Thomas, ce serait même le seul moyen d'obtenir une bonne gestion des biens terrestres, « car tout homme administre ce qui lui appartient en propre mieux que ce qu'il possède en commun avec d'autres (2) ».

M. Leroy-Beaulieu ne raisonne pas autre-

---

(1) Lettre encyclique « sur la Condition des ouvriers ».
(2) « Car l'homme est ainsi fait que la pensée de travailler

ment : « La petite culture, dit-il, produit autant d'excédent net que la grande ; elle peuple plus les campagnes, et elle entretient autant de populations urbaines, » et, précédemment, il avait dit : « Il n'est guère d'objection faite à la petite culture que ses défenseurs ne soient en état de victorieusement repousser (1). »

Sur ce point comme sur bien d'autres l'idée chrétienne a fait son chemin. « Il importe que les lois favorisent le droit de propriété, le réveillent et le développent autant qu'il est possible dans les masses populaires, avait dit Léon XIII. Ce résultat, une fois obtenu, serait la source des plus précieux avantages. » Et un peu de tous les coins de l'opinion on revient aujourd'hui à la conception chrétienne de la propriété pour tous. C'est ainsi que la Société des propriétaires chrétiens, dès 1895, émettait le vœu suivant :

« Que tout en stimulant chez leurs fils l'esprit d'initiative et d'entreprise, les pères n'oublient jamais la nécessité supérieure de conserver le foyer héréditaire, le bien de famille ;

---

sur un fonds qui est à lui redouble son ardeur et son application. Il en vient même à mettre tout son cœur dans une terre qu'il a cultivée lui-même et qui lui promet, à lui et aux siens, non seulement le strict nécessaire, mais encore une certaine aisance ». (*Id.*)

(1) *Essai sur la répartition des richesses*, p. 165, 166.

« Qu'ils ne perdent jamais de vue cette vérité : que la meilleure des dots pour un jeune ménage est un établissement territorial qui lui procure un point d'appui fixe pour développer sa vie, et *qu'une famille sans foyer est une famille désorganisée*, proie désignée d'avance à tous les périls qu'entraîne une vie sans devoirs et sans intérêts, uniquement dominée par l'appétit du bien-être, du luxe et des faux besoins qui l'engendrent. »

A son tour, dans sa réunion annuelle de 1897, l'importante Association des agriculteurs de France, ouverte, comme on le sait, à tous les partis, a émis dans le même sens un vœu que nous reproduirons plus loin.

§ 3. — DANS QUELLE PROPORTION DISPARAIT LA PETITE PROPRIÉTÉ ?

Si la petite propriété est à ce point nécessaire à la conservation de la famille, au bon ordre social, nous devons nous enquérir de ce qu'elle devient sous notre régime de liberté illimitée.

Car, enfin, il apparaît clair comme le jour, que dans une société où la lutte pour la vie est érigée en maxime, le plus faible doit nécessairement succomber ; il apparaît que le **capitalisme** aura finalement raison de l'homme, que la propriété capitaliste attirera dans ses pièges la petite propriété rurale, et que le partage forcé qui, en apparence, semble faciliter son développement est, en réalité, son plus terrible ennemi (1).

« Un régime où il n'y a aucune limite à l'extension de la propriété individuelle, aucun tempérament à son usage, aucune responsabilité à son exercice, où l'intérêt et l'impôt enlèvent au travail le meilleur de son fruit, aboutit pour la majorité à l'exclusion complète de toute propriété. Aussi *les classes se forment*, leur *division s'accentue*, les *luttes éclatent*, *l'étranger survient* et les *nations finissent*. C'est l'histoire des républiques de la Grèce, de Carthage, de Rome (2). »

On ne saurait mieux dire. Et si le principe rappelé est vrai, — ce qui n'est pas niable, — la petite propriété sera absorbée chez nous par la grande. A la faveur du même principe, d'immenses « latifundia » se constitueront ici comme chez nos voisins d'Outre-Manche, et la question agraire s'ouvrira définitivement. Or, quand une plaie de cette nature se creuse aussi profonde au flanc d'un peuple, l'histoire est là pour nous

(1) Voy. ce que nous disons du « partage forcé », p. 299.
(2) Meyer et Ardant, *la Question agraire*, p. 12.

apprendre que sa dissolution est proche (1).

On a prétendu qu'en France le *fait* avait infligé un démenti à la *théorie*. Est-ce vrai ? Le point mérite d'être éclairci.

D'après M. le baron de la Bouillerie, en effet, le nombre des propriétaires ruraux a doublé depuis 1789, à la suite de la suppression des privilèges et de la vente des domaines nationalisés (2).

Ce n'est pas notre avis : la Révolution n'a opéré qu'un « transfert de propriété » ; elle a fait passer entre les mains avides de la bourgeoisie les deux cinquièmes des terres possédées par le clergé et la noblesse. « La *vente des biens nationaux ne paraît pas avoir augmenté sensiblement le nombre des petites propriétés ni diminué sensiblement le nombre des grandes :* ce que la Révolution a développé, c'est la propriété moyenne (3). » D'après Mgr Freppel, « avant 1789 les paysans avaient en propre la *moitié* du sol français (4) ».

(1) Consulter le même ouvrage en entier. La thèse est démontrée de main de maître par l'auteur.
(2) *Étude sur la petite propriété rurale*, par le baron de la Bouillerie, p. 3 et 4.
(3) Cochut, *Revue des Deux Mondes*, septembre 1848.
(4) « Un cinquième du sol est à la couronne et *aux communes*, un cinquième au tiers état, un *cinquième au peuple des campagnes*, un cinquième à la noblesse et un cinquième au clergé. Ainsi, si l'on défalque les terres publiques, l'on constate que les privilégiés possèdent la *moitié du royaume.* » (Taine, **Ancien**

Aujourd'hui, il n'en va plus ainsi. Nous avons vu précédemment que plus de 7 millions de petits propriétaires se partageaient *un cinquième* seulement de la propriété foncière, et, à côté, d'après les chiffres que fournissent les statistiques, nous comptons 3 400 000 cultivateurs non propriétaires, fermiers, métayers, régisseurs, journaliers, domestiques et, quoiqu'il fût très exagéré de ranger ces 3 400 000 cultivateurs au nombre des prolétaires, — car beaucoup de ces domestiques sont enfants et héritiers de propriétaires, — nous sommes fondé à prétendre que les paysans français ne possèdent guère plus d'*un dixième* de la propriété rurale.

Même, n'est-ce pas trop dire ? Il reste, en effet, la dette hypothécaire *rurale*, représentative d'une valeur de plus de 10 milliards, soit la dixième partie de la valeur de la propriété rurale. Quels en sont les débiteurs, sinon cette masse de petits propriétaires, toujours dans la gêne, obligés d'emprunter à un taux très élevé pour se donner

---

Régime, p. 18.) — Voy. aussi p. 451 et suiv. — Notons que la notion de propriété n'avait pas alors ce caractère égoïste dont on l'entoure aujourd'hui, et que, particulièrement, les biens du clergé et des congrégations religieuses — certes, trop considérables — remplissaient une triple fonction sociale, entretien du culte, de l'enseignement et de l'assistance publique. Nos bourgeois capitalistes songent-ils à exercer cette même fonction ?

la satisfaction de porter plus longtemps le titre de propriétaire, jusqu'au jour où « leur closerie », leur « domaine » sera absorbé par le voisin plus riche ou par le financier qui, à l'ombre, dans le secret, guette cette occasion nouvelle d'ajouter sans cesse à son bien-fonds.

Et ceci n'est pas un danger illusoire, attendu que d'après des calculs bien sérieux, établis entre autres par M. Milcent, le fondateur de la Banque agricole de Poligny, environ *15 000 paysans sont expropriés chaque année*. 15 000 saisies immobilières, 15 000 propriétaires qui passent ainsi au rang de prolétaires. Comment admettre après cela que la petite propriété ne soit pas menacée par la grande ?

Nous avons toutefois à tenir compte d'un nouvel élément de solution que la statistique nous offre.

M. Yves Guyot, et, après lui, M. Daniel Zolla, affirment que de 1862 à 1882 le nombre des petits propriétaires s'est accru d'une manière sensible (1). « Vous le voyez donc bien, nous

---

(1) « Il a passé de 1 812 000 en 1862 à 2 150 000 en 1882 malgré la perte de l'Alsace et de la Lorraine. En 1891, d'après le dénombrement officiel, l'effectif des « propriétaires faisant valoir » était de 2 231 000 en chiffres ronds. Depuis 1862 à 1892, c'est-à-dire en trente ans, l'accroissement serait donc de 419 000. » — *Questions agricoles*, 2ᵉ série, p. 281.

disent-ils, l'absorption de la petite propriété n'est qu'une légende; il se peut qu'elle se prête admirablement aux déclamations des rhéteurs socialistes; elle n'en est pas moins contredite par les faits. ».

Malgré tout le respect que nous portons d'ordinaire aux gros chiffres officiels, nous osons pousser l'audace jusqu'à rejeter la conclusion de ces messieurs. Ces chiffres d'ailleurs appellent des réserves, — 1° parce que les statistiques officielles dressées par des secrétaires de mairie, plus pressés d'en finir vite avec les questionnaires de M. le ministre, qu'intéressés à établir la vérité, ne nous inspirent qu'une confiance limitée, — 2° parce que jusqu'ici dans ces statistiques on a commis la grosse erreur de confondre propriétés avec exploitations et de *compter les exploitations* et *non les propriétés*. Or, il est bien évident qu'un même propriétaire possède souvent plusieurs exploitations. D'où une source d'erreurs manifeste.

Ces observations, et celles que nous avons faites plus haut sur la répartition de la propriété rurale, suffisent à réduire à néant l'objection tirée de cet accroissement prétendu du nombre des petits propriétaires. A supposer même que ces statistiques fussent exactes — et nous avons prouvé qu'elles ne l'étaient pas, — est-ce que cette augmentation ne tiendrait pas au morcellement, ou même à l'émiettement opéré dans la propriété par la loi du partage forcé? Mais, nous répondra-t-on, est-ce que cette loi ne produit pas les mêmes effets sur les grandes propriétés? Hélas, non. Et ici, nous touchons à une autre face de la question, à un nouveau mal spécial à notre époque matérialisée, au malthusianisme. Nous pouvons tous en effet constater que ce sont les familles des paysans qui sont les plus nombreuses. Au moins, dans la plus grande partie de notre France, ces classes, dites « inférieures » — grand Dieu, pourquoi? — par je ne sais trop quelle école, n'ont pas encore appris ces honteux calculs d'une stérilité volontaire qui marquent au front d'une flétrissure sans nom les jouisseurs de notre fin de siècle. Tandis que dans les classes riches, les classes « dirigeantes » — ironie des mots..... — Mais n'insistons pas (1).

(1) M. Deschanel appelle notre code civil « une machine à hacher le sol ». Néanmoins il n'admet pas que l'existence de la petite propriété soit en danger. Il ferait bien d'examiner si ce ne serait pas alors au détriment des lois morales qui régissent le mariage.

Voici du moins un fait d'évidence : en général les riches n'ont pas de familles nombreuses ; trop souvent, suivant l'expression typique du paysan, ils se condamnent au rôle de

Contentons-nous de conclure que cette fois les chiffres officiels ne portent pas, que notre crainte de voir disparaître la petite propriété n'est fondée que sur trop de raisons, et que sous notre régime païen de concurrence illimitée, qui permet à l'argent toutes les audaces, sans s'inquiéter suffisamment du sort de la personne humaine et de la société domestique, l'absorption de la petite propriété par la grande n'est plus seulement une menace, mais un fait en train de s'accomplir.

Il importe donc de remédier à ce mal, en garantissant contre l'éviction ceux qui possèdent déjà, et en rattachant au sol le plus grand nombre possible de familles sans abri et sans propriété.

§ 4. — MOYENS DE GARANTIR ET DE RÉALISER LA PETITE PROPRIÉTÉ.

Les moyens de garantir l'existence de la petite propriété sont au nombre de trois : l'abolition

« tourtereaux ». La société qui pousse à des actes de cette nature est une société mal organisée, elle blesse la morale en fermant les sources de la vie, elle se mutile elle-même en supprimant ses membres. C'est-à-dire que comme chrétiens et comme Français nous ne pouvons lui donner notre approbation sans forfaire à la conscience et au patriotisme.

du partage forcé, l'immunité fiscale et l'insaisissabilité du bien de famille. — Nous les étudierons successivement.

A l'ouverture d'une succession, « aucun héritier ne peut être contraint à demeurer dans l'indivision, et le partage peut être toujours provoqué nonobstant prohibition et conventions contraires » (Art. 815 du Code civil).

Cette disposition est aggravée encore par la suivante : « Chacun des cohéritiers peut demander sa part en nature des meubles et immeubles de la succession. » (Art. 826.) Voilà ce que l'on appelle le régime du *partage forcé*. Qu'un des héritiers le veuille et la loi l'autorisera, malgré les réclamations de ses cohéritiers, à prendre une part égale de la maisonnette du père de famille défunt, une part égale de ses meubles, une part égale de son matériel de labour, une part égale de son enclos. N'est-ce pas insensé ?

« Le principe contenu dans les articles 826 et 332 du Code civil, disait M. Migneret, membre de la commission supérieure de l'enquête agricole en 1866, est un diviseur continu, agissant sans discernement. C'est en vain que le père de famille aura laborieusement rassemblé, cultivé et constitué un domaine d'une certaine étendue ; s'il laisse plusieurs enfants, la loi condamne ce domaine à la division, et le propriétaire nouveau recommence une seconde œuvre de centralisation et d'économie agricole qui doit aussi finir avec lui. Cette loi de division, rien ne peut y être soustrait. Le père de famille, même en se dépouillant de son vivant, pour maintenir l'équilibre des valeurs mobilières équivalentes, ne peut prévenir la destruction de son œuvre. »

Rappelons les chiffres que nous avons indiqués plus haut dans notre répartition de la propriété foncière, et nous verrons que ce danger de l'émiettement du sol n'est pas une vaine menace. 8 585 000 cotes se disputant 2 600 000 hectares, n'est-ce pas la réalisation de ce danger qu'un législateur sage devait prévoir? Et d'un émiettement aussi considérable à l'éviction complète, il n'y a qu'un pas à franchir. Que devient alors la famille sans ce point d'appui naturel qui s'appelle la terre? Elle se dissout, se prolétarise, et reste à la charge de la société. Le temps ne peut qu'aggraver la situation présente en enfermant les pauvres gens dans ce dilemme immoral : « Ou la misère, ou la stérilité. » C'en est assez, nous semble-t-il, pour juger cette législation. « La Convention a cru établir un grand principe, disait Thuriot en 1793, et elle a pour ainsi dire jeté une pomme de discorde dans toutes les familles : des procès sans nombre vont être le résultat de cette loi; si elle est reconnue nuisible, elle doit être rapportée. » Cambacérès ajoutait : « Vous avez voulu frapper les grandes fortunes, mais... les petits propriétaires ont été atteints. » Comment cela? Parce que cette loi était une invitation à l'infécondité : les riches l'ont acceptée avec empressement, tandis que, grâce à Dieu, les pauvres l'ont jusqu'ici ignorée.

Pas n'est besoin d'insister; l'œil le moins exercé peut constater les mauvais effets de ces dispositions légales.

L'idée d'une réforme se fait jour et un courant d'opinion se dessine en sa faveur. La loi du 30 novembre 1894 pour les habitations ouvrières, complétée par celle du 31 mars 1896 (1),

(1) Cette loi est applicable aux habitations rurales et à l'enclos qui les entoure pourvu que leur valeur locative ne soit pas supérieure à 132 francs dans les communes qui ne comptent pas 1 000 habitants et à 225 francs dans les communes de 1 000 à 5 000 habitants.
«Pour la détermination des revenus qui servent à l'application de l'article 5 de la loi du 30 novembre 1894, ne seront pas comprises dans la valeur locative des immeubles les charges de salubrité (eau, vidange, etc.) et d'assurance contre l'incendie ou sur la vie dont le propriétaire fait l'avance et qu'il recouvre en les mettant par le bail au compte du locataire. » (Loi du 23 mars 1896.)

est le point de départ d'un régime successoral nouveau.

Cette loi sur les habitations ouvrières, malheureusement peu connue, a une importance de premier ordre. Elle déroge à l'article 815. S'il s'agit d'une maison ne dépassant pas une valeur de 2 180 francs dans une commune au-dessous de 1000 habitants, « l'indivision peut être maintenue à la demande du conjoint du défunt ou de l'un de ses enfants, pendant cinq années à partir du décès. Dans le cas où il se trouverait des mineurs parmi les descendants, l'indivision pourra être continuée pendant cinq années à partir de la majorité de l'aîné des mineurs, sans que sa durée totale puisse, à moins d'un consentement unanime, excéder dix ans. — Si le défunt ne laisse pas de descendants, l'indivision pourra être maintenue pendant cinq ans à compter du décès, à la demande et en faveur de l'époux survivant, s'il en est copropriétaire au moins pour moitié, et s'il habite la maison au moment du décès. — Dans ces divers cas, le maintien de l'indivision est prononcé par le juge de paix après avis du conseil de famille. »

La même loi introduit une nouvelle dérogation qui n'est pas moins importante : « Chacun des héritiers et le conjoint survivant, s'il a un droit de propriété, a la faculté de reprendre la maison, sur estimation. Lorsque plusieurs intéressés veulent user de cette faculté, la préférence est accordée d'abord à celui que le défunt a désigné, puis à l'époux, s'il est copropriétaire pour la moitié au moins. Toutes choses égales, la majorité des intéressés décide. A défaut de majorité il est procédé par voie de tirage au sort. — S'il y a contestation sur l'estimation de la maison, cette estimation est faite par le comité des habitations à bon marché et homologuée par le juge de paix. — Si l'attribution de la maison doit être faite par la majorité ou par le sort, les intéressés y procèdent sous la présidence du juge de paix qui dresse procès-verbal des opérations (1). »

Ces dispositions se passent de commentaires; elles sont à la portée de tous. En établissant ainsi la possibilité d'une certaine indivision entre héritiers et la faculté, pour l'un d'eux, de réclamer la maison du défunt sur estimation, la loi de 1894 a ouvert une large brèche dans notre Code civil. Il est à souhaiter que le législateur ne

---

(1) L'impossibilité de garder la maison pour celui des héritiers qui la réclamera viendra souvent de son embarras à payer les soultes au moyen desquelles il dédommagera ses frères et sœurs. La caisse rurale locale aurait peut-être un nouveau rôle à remplir dans cette circonstance.

s'arrête pas en aussi bonne voie, et que, s'inspirant de la même préoccupation de conservation sociale, il étende ses soucis à la petite exploitation rurale. La loi du partage forcé, nous l'avons vu, en diminue chaque année l'importance ; il faut une sauvegarde nécessaire, et cette sauvegarde ne peut venir que d'une intervention légale. C'est à ce besoin qui répond le projet de loi de M. Siegfried destiné à étendre les bienfaits de la loi de 1894 aux petits domaines n'excédant pas 5 hectares et d'une valeur maximum de 5 000 francs, habitation comprise (1). Il renferme une autre clause non moins importante en vertu de laquelle « les sociétés de prévoyance, d'épargne et de crédit qui désireront prendre le caractère de sociétés de crédit foncier, jouiront des avantages accordés par la loi aux sociétés de ce genre ».

Pour que la réforme demandée par le projet Siegfried produise son plein effet, elle a besoin d'être complétée par le projet Lemire qui réclame pour la maison et le coin de terre nécessaire au développement de la famille l'*immunité fiscale* et l'*insaisissabilité*.

Et d'abord, l'*immunité fiscale*.

(1) Déposée à la Chambre le 11 mars 1897.

Mais laissons la parole à M. l'abbé Lemire :

« Si je conseille aux ouvriers, aux paysans, de consacrer leur épargne à l'achat d'une terre ou d'une maison, ils répondront sans hésiter : Non, monsieur l'abbé, je ne le ferai pas, parce que j'ai intérêt à ne pas le faire. En ce monde chacun cherche son intérêt et vous n'allez pas, avec vos belles paroles, changer la nature humaine. En plaçant mon argent dans une caisse quelconque, à la caisse d'épargne par exemple, je touche un revenu plus considérable et je n'ai pas d'impôt à payer; en achetant de la terre, j'ai des revenus en moins, et des impôts en plus; c'est pourquoi toutes vos séduisantes théories ne m'empêcheront pas de mettre mon argent ailleurs que dans la terre.

« Voilà ce que dira le paysan et je dois reconnaître que cet homme a raison au *point de vue du profit*.

« Au *point de vue du profit*, me répond-il, mais ce point de vue est le bon! Quand on n'a pas le sou, on vante les idées. Ce sont toujours les gens qui n'ont rien qui nous arrivent avec de beaux projets. Eh bien! messieurs, lorsqu'il s'agit de terre et d'argent, il ne faut pas parler au cœur, il faut parler à la bourse. Je vous déclare net qu'à l'heure actuelle, à cause de vos lois, à cause de l'assiette de vos impôts, ni moi, ni aucun paysan, ni aucun ouvrier, n'avons intérêt à acheter une terre ou une maison.

« Cette réponse me fut faite un jour dans une association agricole, et le brave fermier qui me la faisait ajouta : J'ai dans ma culture un journalier, père de famille, qui n'a aucune ressource ; il nourrit sa femme et ses enfants avec ses vingt-cinq sous par jour ; cet homme a hérité de son père une petite maison, une cabane, qui équivaut à un loyer de 40 francs ; or il paie 12 francs d'impôts ! Est-ce juste ? est-ce encourageant pour la propriété ?

« Non, messieurs, c'est pourquoi, quand on vient nous dire de divers côtés : « Il faut établir « l'impôt sur le revenu », je réponds nettement : Oui, vous avez raison en principe ; l'impôt doit être gradué sur les facultés de chacun. Mais en attendant que nous ayons trouvé le moyen de faire payer les valeurs au porteur, comme les biens au soleil, il y a une chose simple, facile, sur laquelle nous devons nous mettre d'accord, radicaux ou droitiers, socialistes ou démocrates chrétiens : c'est que le bien de famille, le minimum de terre ou de maison qu'il faut à l'homme pour respirer et pour vivre avec les siens, ce minimum qui n'est pas une source de revenus, qui est un abri nécessaire — si nécessaire que vos conseils municipaux sont obligés de le procurer à ceux qui ne l'ont pas — ce minimum on doit l'exempter d'impôts. Voilà une réforme élémentaire, réalisable demain, et qui est conforme à la justice. (*Applaudissements*.)

« Oui, je crois que, réduite à cette urgence, toute proposition de loi exemptant d'impôts un bien de famille de valeur minimum, doit paraître bonne et acceptable. L'exemption est pour tous ; elle n'est pas faite à la richesse ou à la pauvreté, elle est faite à l'intérêt familial. Que le père de famille soit un ouvrier tisserand ou qu'il s'appelle Rothschild, l'immeuble qui est strictement nécessaire pour abriter son existence et celle des siens sera respecté par le fisc. Je ne regarde pas aux mains qui le détiennent, je considère l'usage auquel il sert; et, sans inquisition, sans investigation, je respecte dans tout homme la qualité et les devoirs de père de famille. Moi, État, je ne touche point au foyer (1). »

M. l'abbé Lemire n'entend pas seulement parler ici de l'exemption de l'impôt direct annuel qui frappe la petite propriété, mais plus encore des droits de succession parfois si élevés qu'ils

(1) Discours prononcé au Congrès de la démocratie chrétienne à Lyon le 5 janvier 1897.

dépassent la valeur de l'héritage entier. La réforme serait évidemment incomplète si la loi ne reconnaissait pas au fils les droits qu'elle consacre dans son père.

Ces arguments nous semblent décisifs pour quiconque a le respect et le souci de la dignité et de la vie de l'homme. Pour ne les pas admettre il faut être un libéraliste impénitent à la manière de M. Yves Guyot, se faire comme lui un *Credo* des « fameux dogmes » de 1789, et comme lui aussi, malgré les leçons de l'expérience, sacrifier envers et contre tous sur l'autel de la Grande Révolution.

Cette immunité fiscale aussi bien que l'indivisibilité dans le sens du projet Siegfried, voilà, de toute évidence, des mesures excellentes pour assurer l'existence de la petite propriété paysanne. Elles ne suffisent pas pourtant ; la petite propriété a besoin d'être soumise à un régime spécial.

Dès 1889, M. le comte Albert de Mun avait déposé une proposition de loi tendant à introduire en France le régime américain du *Homestead* consacrant le principe de l'insaisissabilité du *bien de famille*. Cette proposition, qui ne fut pas discutée alors, vient d'être reprise, au cours de cette législature, par M. Léveillé, député de Paris, et par M. l'abbé Lemire. Dans le projet de M. Lemire, plus complet que celui de son collègue, l'insaisissabilité du bien de famille devient une charge qui trouve sa justification dans le privilège de l'*immunité fiscale*.

« Si je vous ménage une faveur, déclare le député d'Hazebrouck, je vous impose un devoir : ce bien de famille, si je l'exempte d'impôts, ce n'est pas pour que vous spéculiez avec ce qui le constitue, maison ou coin de terre ; je le ménage, non parce qu'il vous est utile comme moyen de lucre, mais uniquement parce qu'il vous sert comme moyen d'existence. Cette exemption d'impôts n'a pas d'autre justification. Donc, voulez-vous continuer d'en jouir ! Gardez-vous d'hypothéquer votre bien. Je veux qu'il échappe au percepteur d'abord, aux griffes de l'huissier ensuite (1). »

Il ne serait pas difficile de retrouver dans notre législation des analogies avec cette organisation nouvelle du bien de famille. Les immeubles dotaux, les rentes sur l'état, les traitements des fonctionnaires, les pensions de retraite dans une certaine mesure, le lit de l'ouvrier,

(1) Même discours de Lyon.

ses vêtements, ses outils, voilà autant d'objets que la loi déclare insaisissables ; leurs possesseurs sont des créanciers privilégiés. Le *bien de famille* mérite une protection au moins égale. Un homme, quand il se marie, contracte l'obligation d'assurer un chez soi à la famille qu'il fonde ; le Juif errant est un être antisocial, un être d'exception. Il se peut qu'une famille soit amenée à ce malheur de l'instabilité et de l'insécurité, par les entraînements mauvais ou par les nécessités de la vie, mais il appartient à une législation sage et prévoyante de le conjurer par certaines dispositions restrictives. Pour qu'elle prenne son développement normal, la famille a besoin d'être assurée contre les exigences du lendemain ; autrement, elle ne peut plus remplir ses devoirs : l'usure et le fisc la guettent, elle tombe dans le prolétariat et passe à la charge de la société quand elle n'en devient pas trop souvent l'ennemie. Il faut être atteint d'une incurable cécité comme le sont les économistes libéraux pour ne pas vouloir reconnaître que le bon ordre social, la richesse nationale et le bonheur d'une multitude de familles rurales sont directement intéressés à la possession assurée du bien de famille.

Nos adversaires nous objectent que, par

cette mesure, nous interdisons le crédit à toute une catégorie d'individus, celle qui en a le plus besoin pour s'élever. Voici notre réponse :

Nous ne nions pas la très grande utilité du crédit, mais nous savons aussi, pour en avoir constaté les lamentables effets, qu'il existe un crédit ruineux. Quand le crédit se fonde sur la probité, l'ardeur au travail, la valeur professionnelle du petit paysan, quand il est sagement proportionné à ses besoins, et quand celui-ci ne le sollicite qu'en vue d'une amélioration de sa propriété intelligemment conçue, oh, alors, oui, ce crédit-là est utile ; il est urgent au premier chef de le mettre à des conditions avantageuses à la disposition de tous. Mais si, au contraire, le crédit n'est fondé que sur le nécessaire de la famille, le foyer qui l'abrite ou le lopin de terre qui la nourrit, s'il est accordé par des hommes d'argent, qui par-dessus tout visent le gros gain, n'hésitons pas à le dire ; de ce crédit-là, nous n'en voulons pas pour la petite propriété, car il est ruineux ; et dans ce cas, loin de lui nuire, le régime de l'insaisissabilité la protégera contre les griffes de l'usurier et toutes ces tentations nombreuses qui viennent au modeste travailleur en face de quelques billets de banque qu'il n'est pas habitué à palper et dont la vue seule l'hypnotise en égarant son bon sens habituel.

L'objection des économistes, on vient de le voir, porte à faux, elle n'ébranle aucun des arguments que nous avons apportés pour soutenir notre thèse. Nous avons donc raison d'être les partisans du régime du *Homestead*, et de souhaiter de le voir définitivement consacré par notre législation française.

Ainsi protégé contre le Code civil par l'indivisibilité, contre les exigences du fisc par l'immunité, et contre les imprévoyances de son possesseur par l'insaisissabilité, le petit domaine rural aura son existence assurée. Les travailleurs des champs, les modestes ouvriers agricoles n'hésiteront plus alors à acquérir un foyer et un lopin de terre. L'amour de la terre, inné chez le paysan, s'accroîtra encore des avantages que la loi lui réserve, et dans cette alliance intime avec le sol qui la nourrit, la famille recouvrera le bien-être et la sécurité, sauvegardes de son développement normal.

A la fin de cette étude sur la petite propriété, nous demandons au lecteur de bien vouloir se reporter aux pages que nous avons écrites sur l'œuvre entièrement sociale des jardins ouvriers.

C'est le moment de rappeler sa raison d'être, un commencement d'alliance de l'homme avec le sol. Bien plus, comme nous l'avons dit, elle peut devenir le point de départ d'une diffusion très large de la propriété au profit des plus pauvres, si les communes, par leurs bureaux de bienfaisance, et toutes les associations d'assistance privées se décident à pratiquer l'assistance par le travail plutôt que par les bons de pain, de viande ou de soupe.

« Pourquoi n'imiterait-on pas ailleurs ce qui s'est fait dans le Nord ?

« Des communes ayant des marais qu'elles ne pouvaient dessécher faute de ressources les ont coupés en lots appelés parts de marais ; ces lots ont été attribués à chaque ménage pour lui rester jusqu'à la mort. Ils passent d'un ménage à l'autre suivant l'ordre d'inscription sur un registre qui est à la mairie. Par ce système, on retient les populations dans les campagnes malgré les gros salaires et l'attrait de la ville. Elles gagnent moins, mais elles sont plus tranquilles, plus heureuses et plus morales (1). »

M. l'abbé Lemire, en 1895, a déposé un autre projet de loi tendant à donner la jouissance

---

(1) Discours de M. l'abbé Lemire à Lyon.

des relais de mer aux inscrits maritimes. « J'ai demandé, disait-il dans son discours de Lyon, que les relais de mer, terrains abandonnés par les eaux, près du port de Gravelines, au lieu d'être vendus à un spéculateur qui créera un beau casino pour y installer de sales jeux, de sales tripots, bouches d'enfer où mèneront les trains de plaisir et où s'engloutira l'épargne de nos bourgeois et des employés, j'ai demandé que ces relais, qui ne valent rien, qui ne rapportent pas un sou, soient divisés en parcelles et donnés à ces rudes travailleurs de la mer, à ces marins qui s'en vont jusqu'en Islande et jusqu'à Terre-Neuve et qui, pendant qu'ils sillonneront les flots grondants pour y chercher leur vie, laisseront derrière eux à leurs femmes et à leurs enfants un arpent de mauvaise terre à labourer. (*Applaudissements.*) Ne craignez rien ! Ils sauront bien la rendre fertile. Vous connaissez l'adage : donnez en propriété un coin de terre au paysan, si ce coin de terre est un rocher, il en fera un jardin ; donnez-le en location, s'il est un jardin, il en fera un rocher. » (*Applaudissements.*)

Voilà des réformes à entreprendre aussi sages que prudentes. Est-ce donc à cause de cela qu'elles semblent défier les bavards et les brouillons qui siègent dans nos Chambres françaises (1)?

(1) Dans son assemblée générale de 1897, la *Société des agriculteurs de France* a émis le vœu :

« *Que la loi du 30 novembre 1894 soit portée par une active propagande à la connaissance des habitants des campagnes et qu'elle reçoive parmi eux une fréquente application;*

« *Et attendu, en outre, que* **MM.** **J. Siegfried** *et autres députés ont déposé à la Chambre des députés un projet de loi destiné à étendre la loi de 1894 aux petits domaines n'excédant pas* 5 *hectares et d'une valeur maxima de* 5 000 *francs, habitation comprise;*

« *Que cette proposition, dont le but est de faciliter l'acquisition et le maintien de la petite propriété rurale à l'ouvrier de la campagne et au paysan petit propriétaire, développe le principe de la loi du* 30 *novembre* 1894 *dans l'intérêt de l'agriculture;*

« *Émet le vœu que la Chambre des députés étende le principe des lois du* 30 *novembre* 1894 *et du* 31 *mars* 1896 *aux petits domaines ruraux non bâtis.* »

APPENDICE

BIENS COMMUNAUX

Pour faire suite à cette étude de la petite propriété, il nous paraît utile d'esquisser en quelques traits l'histoire des *biens communaux* et des *droits d'usage.*

« Le *Communal* consistait en bois, prairies, pâtis, haies : ces terrains indivis appelés aussi *communes*, donnèrent leur nom à l'association villageoise. Tous y avaient un égal droit, même dans les villages composés de biens seigneuriaux, non seulement le paysan libre, mais aussi le colon attaché à la glèbe, pourvu qu'il appartînt réellement à la commune, qu'il y eût « son propre feu », « son foyer », « son pain et sa nourriture bien à lui... » Ils avaient donc l'eau, le pâtis, le terrain inculte (vaine pâture), le poisson sur le sable, le gibier dans la campagne, pour les besoins et nécessités de leur subsistance. A ceux des habitants du village qui ne jouissaient pas de leurs pleins droits, et qu'on appelait les « manants », classe composée pour la plupart d'ouvriers, de journaliers, gens absolument destitués de toute propriété, on constituait aussi certains droits au *Communal*. Ils pouvaient y mener paître une chèvre, un porc, en un mot le bétail nécessaire à l'entretien de leur vie. On attribuait aux plus pauvres, soit un jardin, soit les fruits de quelques arbres, soit même des pièces de terre qu'ils pouvaient défricher, puis cultiver pendant un espace de temps plus ou moins long. Outre cela on leur abandonnait quelquefois du terrain pour y bâtir une cabane, et, dans beaucoup de *communes*, du bois de construction et de chauffage (1). »

(1) Janssen, *l'Allemagne à la fin du moyen âge*, p. 276 et suiv.

18.

Les *droits d'usage* étaient des servitudes *réelles* qui grevaient, au profit des classes pauvres, les biens royaux, seigneuriaux, ou abbatiaux. Dès le milieu du viiie siècle, les populations de la Marche possèdent dans la forêt d'Aubusson droits d'usage et de pacage. Une charte seigneuriale en date de 1265 le reconnaît, mais il est défendu « de disposer des bois, ni pour trafic, ni pour don ». En Normandie, les habitants de Jumièges et de Braquetuit soutiennent dans un procès, en 1579, « que la forêt est commune entre eux et l'abbaye, et que moyennant un sol par an et par famille, ils y ont droit de pâture, de chauffage et de glandée pour leurs porcs ». Cette redevance minime, on la retrouve fréquemment, surtout quand les communautés ont droit aux communs « par traités en bonne forme ».

Le droit de *vaine pâture* est réglementé minutieusement : « Le maître d'une prairie n'avait droit qu'à la récolte du foin ; il n'était chez lui que pendant trois mois et demi par an, de mars à juin. » Les coutumes fixent soigneusement les dates, ici le 1er mars, là le 8, ailleurs le 15.

Sauf cette période, les prés appartiennent à tout le monde. Chacun y peut faire paître son bétail ; c'est pour les paroissiens un bien public comme la grande route pour les citoyens d'un même pays. Une prairie ne pouvait donc jamais être enclose, du moins complètement, puisque la généralité des habitants pendant huit mois et demi devaient y avoir accès... Là dessus l'opinion est aussi susceptible que la jurisprudence est formelle... Quelques propriétaires de Bort (Limousin) ayant enclos des prés en 1564, la masse des paysans leur intente un procès « comme étant privés du droit de secondes herbes » ; et ces propriétaires s'empressent de déclarer par acte notarié « qu'ils n'entendent pas faire du « revivre » (ou regain) leur profit particulier et qu'ils n'ont droit au dit pré que depuis le 25 mars jusqu'à la récolte de la première herbe ».

A la longue, les « usagers » aliènent leurs communs pour payer leurs redevances ; les communes font de même pour acquitter leurs dettes, et finalement, au xviiie siècle, les juristes encouragent le partage des communaux entre les habitants. C'était là que le fisc les attendait. « Là où il n'y avait rien, le roi perdait ses droits ; » devenu propriétaire, le paysan, qui ne pouvait acquitter les nombreuses redevances féodales et les impôts, fut saisi et son bien vendu.

Telle a été dans les siècles passés l'organisation des biens communaux ou de la propriété collective, ce qui est tout un (1). — La monarchie, sous l'ancien régime, en changea souvent la disposition à son profit, et finalement la Révolution en ruina l'économie. Longtemps après cette période troublée de notre histoire, de nombreux débris de « communaux » survivaient encore, et même aujourd'hui, malgré les prodigalités de nos municipalités, il en reste quelques-uns. Le docteur Lancry les ramène à deux types principaux :

« Certaines communes, dit-il, comme celle d'Arcques (arrondissement de Saint-Omer), ont conservé leurs biens communaux à l'usage collectif de tous. Ainsi, les immenses prairies communales sont à l'usage de toutes les personnes de la commune qui veulent y faire paître des bestiaux. La redevance est, je crois, de 3 francs par an et par bête à corne. On voit facilement les immenses avantages qui en résultent pour tous, principalement pour les pauvres gens. Les autres, comme un grand nombre de communes des Vosges, ont employé tout différemment leurs biens communaux. Elles ont divisé leurs bois, leurs prairies, leurs terres arables en un certain nombre de lots égaux de manière à pouvoir en

---

(1) Nous ne disons pas « propriété *collectiviste* ».

donner un à chaque famille de la commune. Et là, tout ménage qui s'établit reçoit de la commune un lot de bois, un lot de terre, un lot de prairies (1). » Le docteur Lancry ajoute, de manière à calmer des inquiétudes trop vives, les réflexions suivantes : « Qu'on veuille bien noter, car la remarque est capitale, que, dans ces villages, la propriété individuelle existe comme partout ailleurs, mais que de plus, à côté de la propriété individuelle et pour la *renforcer*, il y a la propriété foncière collective. »

Le lecteur ne se méprendra pas sur notre manière de voir. La propriété privée est absolument nécessaire. Mais, précisément parce qu'il est difficile que tous les hommes en jouissent, attendu que l'on rencontrera partout et toujours des imprévoyants et des nécessiteux, nous voudrions en élargir l'usage au plus grand nombre, sous cette forme, autrefois répandue, de la propriété communale. Espérons que dans nos communes de France, dont quelques-unes sont encore fort riches en biens fonciers, il se trouvera des municipalités intelligentes pour arrêter le mouvement d'aliénation qui s'est produit depuis un siècle, et qui sauront, comme on

---

(1) *Justice sociale*, 11 janvier 1893.

l'a fait par exemple dans la commune d'Arcques, mettre à la disposition des pauvres quelques arpents de terre ou de prairie pour qu'ils puissent en tirer quelques fruits et y élever une ou deux têtes de bétail.

C'est ainsi, qu'en rattachant l'homme au sol natal, nous réaliserons la belle devise de Demetz, le fondateur de Mettray, qui est aussi la nôtre : « Améliorer la terre par l'homme et *l'homme par la terre.* »

CHAPITRE VII

PROGRAMME AGRICOLE SOCIALISTE (1)

Article premier. — Fixation d'un minimum de salaire par des syndicats ouvriers agricoles et par les conseils municipaux, tant pour les ouvriers à la journée que pour les loués à l'année (bouviers, valets de fermes, filles de fermes).

Art. 2. — Création de prud'hommes agricoles.

Art. 3. — Interdiction aux communes d'aliéner leurs terrains communaux ; amodiation par l'État aux communes, des terrains domaniaux, maritimes et autres actuellement incultes ; emploi des excédents des budgets communaux à l'agrandissement de la propriété communale.

Art. 4. — Attribution par la commune des terrains concédés par l'État, possédés ou achetés par elle à des familles non possédantes associées et simplement usufruitières, avec interdiction d'employer des salariés et obligations de payer une redevance au budget de l'assistance communale.

Art. 5. — Caisse de retraite agricole pour les invalides et les vieillards, alimentée par un impôt spécial sur les revenus de la grande propriété.

Art. 6. — Organisation par canton d'un service gratuit

(1) C'est le programme rédigé au congrès de Marseille.

de médecine et d'un service de pharmacie à prix de revient.

Art. 7. — Indemnité pendant les périodes d'appel aux familles des réservistes à la charge de l'État, du département et de la commune.

Art. 8. — Achat par la commune avec le concours de l'État, de machines agricoles, ou location de ces machines mises gratuitement à la disposition des petits cultivateurs; création d'association de travailleurs agricoles pour l'achat d'engrais, de semences, plants, etc., et pour la vente des produits.

Art. 9. — Suppression des droits de mutation pour les propriétés au-dessous de 5 000 francs.

Art. 10. — Abolition de tous les impôts indirects et transformation des impôts directs en un impôt progressif sur tous les revenus dépassant 3 000 francs ; en attendant, suppression de l'impôt foncier pour les propriétaires cultivant eux-mêmes et diminution de cet impôt pour ceux dont la terre est grevée de dettes hypothécaires.

Art. 11. — Réduction du taux légal et conventionnel de l'argent.

Art. 12. — Abaissement des tarifs de transports pour les engrais, les machines et les produits agricoles.

Art. 14. — Suppression de l'article 2102 du Code civil donnant aux propriétaires privilège sur la récolte et suppression de la saisie-brandon, c'est-à-dire des récoltes sur pied; constitution pour le travailleur d'une réserve insaisissable comprenant les instruments aratoires, les quantités de récoltes, fumiers et têtes de bétail indispensables à l'exercice de son métier.

Art. 15. — Revision du cadastre, et en attendant la réalisation de cette mesure générale, revision parcellaire par les communes.

Art. 16. — Mise à l'étude immédiate d'un plan de travaux publics ayant pour objet l'amélioration du sol et le développement de la production agricole.

Art. 17. — Liberté de la chasse et de la pêche, sans autre limite que les nécessités pour la conservation du gibier et du poisson et la préservation des récoltes; interdiction des chasses réservées et des garde-chasses.

Art. 18. — Cours gratuits d'agronomie et champs d'expérimentation agricole.

Art. 10. — Réduction par des commissions d'arbitrage, comme en Irlande, des taux de fermage et de métayage, et indemnité aux fermiers et aux métayers sortants pour la plus-value donnée à la propriété.

Après ce que nous avons dit nous-même, et bien que nous ne soyons pas entré dans l'examen de toutes les questions qui constituent le problème agraire proprement dit, le lecteur se rendra facilement compte de ce que ce programme agricole socialiste présente de bon à côté des errements qu'il renferme.

Il faut ajouter du reste qu'il ne constitue pas le véritable programme collectiviste. Ce n'est qu'une édition expurgée, dirait M. René Lavallée, *ad usum Delphini*, autrement dit, une machine de passe-passe électorale, fabriquée en vue de séduire l'ouvrier agricole, le petit propriétaire et de le conquérir aux candidats du parti.

Pour avoir toute la pensée socialiste, il faut se reporter au Congrès de Dijon de 1894.

« *Parti socialiste ouvrier révolutionnaire.*
XIIe Congrès national.

Résolutions adoptées par le Congrès

« ... Sur la troisième question : *Situation politique et
» économique du prolétariat agricole*, le Congrès, voulant
» affirmer ses efforts et son désir absolu d'aider les tra-
» vailleurs agricoles dans leur émancipation, a adopté les
» revendications contenues dans le programme ci-dessous
» et qui pourra leur servir de base dans leur action éco-
» nomique. Les résolutions votées à l'unanimité se subdi-
» visent en deux parties : 1° des mesures immédiates à
» prendre après la Révolution ; 2° des mesures transitoi-
» res. Sur la première partie, *déclaration d'inaliénabilité
» de la terre, désormais reconnue propriété sociale collective,
» c'est-à-dire retour immédiat à la collectivité de toutes les
» propriétés terriennes, sol et sous-sol, en tant que nue-pro-
» priété. L'usufruit sera maintenu à tous ceux des proprié-
» taires qui cultivent par eux-mêmes sans employer de sala-
» riés agricoles. La jouissance des biens qu'ils détiennent
» sera reprise aux propriétaires qui ne cultivent pas par
» eux-mêmes, pour être attribuée, par les communes, à tous
» les travailleurs agricoles, journaliers, métayers et fermiers.* »

En Allemagne, au Congrès de Breslau, Liebnecht, qui avait assisté au Congrès de Marseille, essaya d'amener les socialistes allemands à suivre la tactique de ses collègues français. Le docteur Kantsky, directeur de la *Neue Zeit*, un des principaux disciples de Marx, lui répondit : « Si l'on adopte le programme agraire défendu par Liebnecht, il faut abroger le programme d'Erfürt qui dit que la petite propriété est vouée à la ruine, tandis que le programme agraire promet aux paysans non seulement la conservation de leurs biens, mais encore la consolidation et l'*extension de leur patrimoine* par des mesures législatives et administratives empruntées à l'arsenal du socialisme d'État. Une nationalisation partielle du sol, l'étatisation des hypothèques donneraient une nouvelle force, de nouveaux moyens de puissance à l'État exploiteur, rendraient le combat de classes plus difficile, imposeraient à l'État capitaliste des devoirs qui ne peuvent être utilement remplis que par un État où le prolétariat aura conquis la puissance politique. Quelles classes devons-nous protéger à la campagne ? Les journaliers, les domestiques, *non le petit paysan qui est le plus ferme appui de la petite propriété.* »

Parlant des biens communaux, le docteur Schippel disait : « On ne peut pas cependant favoriser des mesures réactionnaires pour gagner les paysans ! La *démocratie socialiste ne saurait admettre le maintien des biens communaux, car la propriété communale est un embryon de la propriété capitaliste.* Le maintien des communaux est une mesure réactionnaire... Évidemment nous voulons gagner les paysans, mais nous les voulons gagner *non comme propriétaires, mais comme dépossédés.* Nous devons leur dire : *l'avenir vous dépossédera, vous ne serez plus propriétaires...* J'avais le devoir d'avertir nos jeunes compagnons de ne pas se laisser entraîner à du charlatanisme... »

Engels, le principal disciple de Marx, disait à son tour à propos des Congrès de Marseille et de Nantes : « Nos amis français sont les seuls dans le monde socialiste à tenter d'éterniser non seulement le petit propriétaire paysan, mais le petit fermier qui exploite le travail étranger. Si l'on veut maintenir la petite propriété d'une façon permanente on tente l'impossible, on sacrifie les principes, on devient réactionnaire (1). »

Telle est la pensée intime socialiste. Elle a été exprimée à Dijon et à Breslau. Le programme élaboré au Congrès de Marseille n'en est que la caricature ; il n'en est ni moins dangereux ni moins faux dans l'ensemble de ses parties.

(1) Voy. *Discours de M. Deschanel à la Chambre*, 10 juillet 1897.

CHAPITRE VIII

PROGRAMME AGRICOLE DU PARTI DÉMOCRATIQUE CHRÉTIEN

Les résolutions suivantes ont été prises au Congrès Démocratique chrétien qui s'est tenu à Reims en 1896.

Le Congrès ouvrier chrétien :

Considérant que l'agriculture succombe sous le poids des charges publiques qui dépassent de beaucoup les charges qui pèsent sur les autres sources de revenus ;

Que cette inégalité de traitement vis-à-vis le commerce, l'industrie, le crédit, les moyens de production et d'échange est encore plus manifeste vis-à-vis la production étrangère ;

Que le Code civil et encore plus la légalité aggravent cette crise par la protection ou plutôt la toute puissance qu'ils accordent à l'argent et au capital ;

Que la ruine de l'agriculture ne peut qu'aggraver la condition des ouvriers urbains en poussant à la ville de nouveaux bras inoccupés ;

Qu'il y a lieu de retenir aux champs les ouvriers du sol par de sages modifications au Code civil, aux charges fiscales et au régime de la propriété ;

Que pour être efficaces les remèdes doivent être étudiés et préparés par les intéressés eux-mêmes, et que le seul moyen est d'organiser l'association professionnelle et syndicale entre cultivateurs et ouvriers agricoles ;

Qu'une réforme aussi considérable doit être le fruit des efforts de tous, efforts appuyés sur le respect de la loi divine ;

Que le repos du dimanche seul peut permettre aux cultivateurs de se voir, de se réunir, de discuter leurs intérêts professionnels ;

Le congrès s'adressant aux cultivateurs émet le vœu :

1. Que les cultivateurs respectent le dimanche, jour du Seigneur, et consacrent une partie de ce jour à l'étude de leurs intérêts ;

2. Que dans ce but, il se fonde dans chaque commune des associations locales relatives à des syndicats régionaux qui centraliseront les efforts et dirigeront le mouvement.

3. Que ces associations établissent partout des œuvres sociales indépendantes de toute ingérence de l'État, comme par exemple, des coopératives, des caisses de famille, des caisses rurales, des caisses d'assurance.

S'adressant aux pouvoirs publics :

1. Que la loi établisse le bien de famille incessible et insaisissable ;

2. Que le législateur rétablisse l'équilibre entre l'agriculture et les autres sources de la production nationale par une plus équitable répartition des charges publiques ;

3. La suppression des octrois ;

4. La réforme des frais de justice à tous les degrés en commençant par la création de prud'hommes ruraux ;

5. L'abolition du système des primes à la production qui prend l'argent de la poche du contribuable, au lieu de frapper les produits étrangers;

6. En attendant le rétablissement de la frappe libre de

l'argent, le congrès demande que la loi établisse sur les droits frappant les produits étrangers des pays à change avarié, une surtaxe variable proportionnelle au taux du change;

7. Que l'agriculture soit représentée dans les conseils du gouvernement par des chambres d'agriculture comme le sont le commerce et l'industrie;

8. Que le *Syndicat central* des agriculteurs de France ne se contente pas de servir d'union entre les syndicats, mais qu'il aide, au moyen des fonds qui sont en caisse, à la propagation, à la diffusion et à la création de nouveaux syndicats dans toutes les régions qui en sont dépourvues.

Ce programme ne constitue qu'une ébauche. Dans les prochains Congrès, où, espérons-le, l'agriculture sera cette fois représentée, les démocrates chrétiens auront à le compléter.

Ne voulant pas empiéter sur les décisions à venir du parti démocratique, nous nous contenterons d'indiquer ici un essai de programme agraire qui a paru sous la signature de Bayard dans l'excellente revue la *Démocratie chrétienne* de juillet 1897.

« Dans l'ordre des idées et des mœurs privées : restauration de l'idée vraie et chrétienne de la propriété. »

Dans l'ordre des mœurs et de l'organisation sociale :

1° *Le plus grand nombre possible de citoyens propriétaires de terre.*

A cet effet :

a) Constitution de biens de famille d'une valeur maxima de 8 000 francs exempts d'impôts, insaisissables, inaliénables sans le consentement de la famille, soustraits au partage forcé, non soumis aux charges fiscales d'acquisition (1).

---

(1) Projet Lemire.

b) Acquisition par les ouvriers (au moyen d'annuités) de maisons et de jardins ouvriers, achetés par des sociétés, des coopératives ouvrières, des établissements de bienfaisance.

c) Permission accordée aux caisses d'épargne, établissements de crédit, sociétés approuvées, de consacrer une partie de leurs fonds à l'œuvre des jardins comme à celle des habitations.

2° *Garanties et stabilités plus grandes données aux tenanciers.*

a) Encouragements donnés par l'État et les particuliers au métayage, au fermage à long terme et au bail emphytéotique.

b) Droit au fermier sortant à l'indemnité pour cause de plus-value.

c) Droit du fermier et de ses héritiers de ne pas quitter la ferme, si les conditions ont été remplies.

d) Discussion et fixation du taux de fermage par les corporations agricoles (1).

3° Constitution de BIENS COLLECTIFS pour les corporations, communes, associations, etc.

a) *Liberté d'association, droit de posséder pour les associations, développement des associations professionnelles, constitution de* BIENS SYNDICAUX OU CORPORATIFS.

b) *Conservation ou reconstitution des* BIENS COMMUNAUX.

c) *Reconstitution de biens fonciers ecclésiastiques*, conformément à l'article 15 du Concordat.

d) Abandon des relais de mer et terres incultes aux associations professionnelles ou communes.

---

(1) Cette clause nous paraît tout à fait excessive. La justice exige seulement la fixation d'un maximum du taux de fermage par hectare, établi dans chaque région, canton ou commune, par le conseil mixte des syndicats agricoles ou par des prud'hommes agricoles réprésentant d'une manière égale les intérêts des propriétaires et ceux des fermiers.

PROGRAMME AGRICOLE DU PARTI DÉMOCRATIQUE. 333

e) Emploi de tout ou partie de ces biens en prêts (gratuits ou peu onéreux) de terre aux membres des associations ou aux indigents. Emploi pour le même usage d'une partie des fonds ou terres des bureaux et sociétés de bienfaisance officiels ou libres.

f) Création de sociétés ayant pour but la constitution de biens fonciers à confier aux indigents (œuvre du Coin de terre).

Comme on le voit le programme agricole du Congrès de Reims et cet essai, publié par la Démocratie chrétienne, se complètent. Pour préciser avec plus de soin toutes les revendications qui intéressent le sort des travailleurs des champs, le lecteur n'aura qu'à se reporter aux questions diverses que nous avons étudiées au cours de cet ouvrage.

CONCLUSION

On l'a vu, nombreuses sont les réformes à introduire dans le régime agricole, et nous ne nous flattons pas de les avoir toutes étudiées. Les unes tiennent à une organisation agraire plus conforme à la justice, les autres ne peuvent espérer de solution complète que de la part du législateur, toutes ont besoin d'être préparées par l'initiative privée.

Nous ne nous faisons pas illusion : ces réformes que nous avons demandées sont pour la plupart loin de leur réalisation, et les idées que nous avons semées n'entreront pas d'ici longtemps dans le domaine des idées courantes. La misère existe pourtant à la campagne, actuelle, pressante. Nous aurions honte et à bon droit, nous, catholiques, de répondre aux malheureux qui sollicitent notre concours : « Repassez demain ». Quand on a peu, on donne peu, mais on donne : telle est la loi de la charité. Nous qui avons la prétention de nous constituer, par mission, les « défenseurs du peuple », prenons garde alors d'imiter les errements des meneurs socialistes. Leur société d'avenir, par un certain coin, est éblouissante de promesses, elle enchante et fait rêver. Mais où sont leurs adoucissements et leurs calmants pour aider le paysan à passer la crise d'aujourd'hui ? Où leurs syndicats ? Où leurs caisses rurales ? Où leurs machines ? Où leurs jardins ouvriers ? Le peuple des campagnes est un peuple pratique, il compte ; et pour lui les idées cessent d'être bonnes quand elles ne se convertissent pas à brève échéance en pain et en monnaie. C'est aux actes qu'il discerne ses vrais amis, plus qu'aux phrases.

Aussi, en terminant ces pages sans prétention, écrites par un sincère ami de l'ouvrier dans le but d'arriver à des résultats immédiats, nous éprouvons une vive et légitime satisfaction à rappeler les nobles exemples de dévouement à la cause des ruraux que nous donne tout là-bas dans ce coin chéri de France sanctifié par les apparitions miraculeuses de la Vierge, cette humble société naissante, au nom, plein de promesses, de *Missionnaires du Travail*.

Les habiles leur ont donné tort. Au nom de l'expérience, de la prudence, de la sagesse, du bon sens surtout, les hommes qui se sont fait de ces excellentes vertus une définition propre à justifier leur apathie ne pouvaient manquer de leur prédire un échec... sur toute la ligne, et de chercher à les atteindre par le rire ou par les anathèmes.

M. l'abbé Fontan et ses confrères ont laissé dire, et, avec l'agrément de leur Évêque, sans ressources autres que leurs honoraires de messes et de prédications, ils se sont constitués défenseurs en titre des intérêts du peuple, confiants en l'excellence de leur mission, dans le secours de Dieu et dans ce qu'il y a de généreux au fond de l'âme populaire. Leur attente n'a pas été trompée. Ils ont fondé à Tarbes même une caisse ouvrière qui a produit des résultats merveilleux, dans les campagnes, près de cent caisses Raiffeisen un syndicat agricole pyrénéen qui englobe tout le département avec quatre-vingts dépôts d'engrais, de nombreux syndicats d'industrie-agricole dont nous avons déjà parlé dans notre première partie ; ils ont organisé des champs d'expériences, aidé à la replantation des vignobles ravagés par le phylloxera, multiplié les conférences dans les bourgades et jusque dans les villages. Enfin, ils tiennent bureaux ouverts, et par tous ces moyens ils ont repris contact avec le peuple, et passent à ses yeux pour être vraiment les défenseurs de ses intérêts matériels et moraux. Quelle réponse écrasante à toutes les objections de l'anticléricalisme?

Et, ce faisant — remarquons le bien, — ils n'ont pas innové ; ils ont seulement continué la mission sociale ininterrompue que l'Église n'a cessé de remplir au cours des siècles, mission sociale qui présente, il est vrai, suivant les temps, des aspects divers et que la presse impie avait à dessein laissée dans l'ombre, niée même, pour arriver plus sûrement à la déchristianisation des masses. En dernière analyse, fonder ces œuvres diverses que nous avons signalées et qui ont pour fin l'amélioration du bien-être du peuple, bien-être intellectuel, matériel et moral, qu'est-ce donc en effet, sinon exercer les œuvres corporelles de miséricorde recommandées à tous les chrétiens dans nos catéchismes, et accomplir ainsi envers les hommes, nos frères, notre devoir de charité? Et si l'amour qui se donne, et se sacrifie, est ainsi recommandé aux chrétiens, s'étonnera-t-on de voir que des prêtres les premiers en donnent l'exemple?

Dans les temps troublés que nous traversons, les prêtres qui se dévouent ainsi à la propagande des œuvres rurales, rendent, à toutes sortes de points de vue, d'éminents services à la société ? Par leur action pratique, aussi bien que par les idées religieuses qui en découlent, ils réapprennent aux paysans la puissance de l'association, aident au travail de reconstruction des organismes sociaux, barrent la route aux socialistes, et deviennent en fait les plus puissants adversaires, dans le peuple, du matérialisme dont est imprégnée l'atmosphère que nous respirons.

Ce n'est pas tout.

Les Missionnaires du Travail sont encore les seuls ouvriers véritables de l'union entre catholiques. Sans doute, toujours l'idée précéda l'action, et nous n'ignorons pas que les hommes qui se proposent de dégager l'idée des scories que le temps a déposées autour d'elles ou de démontrer la puissance de perfectibilité du christianisme, sont des hommes précieux autant que nécessaires (1). Mais nous savons aussi que nous devons tendre à réaliser l'idée. Et quand — comme cela a lieu aujourd'hui — des dissidences graves surgissent entre catholiques ; quand, sur un point important, deux écoles de principes opposés se trouvent en présence, l'une

(1) La vérité ne *devient* pas, elle *est*; cette perfectibilité nous l'entendons donc non dans le sens du protestantisme libéral, mais d'après la signification que lui donne la Théologie catholique.

et l'autre animées d'intentions excellentes, mais l'une et l'autre ne possédant pas la vérité, le moyen infaillible de démontrer l'excellence des systèmes prônés, n'est-ce pas de les traduire en actes? L'*Union dans l'action*, voilà la seule qui soit possible à l'heure présente. Aussi bien les Missionnaires du Travail qui, s'aidant des enseignements de l'idée, s'efforcent de la rendre pour ainsi dire palpable afin de mieux faire ressortir la vérité méritent-ils d'être félicités, encouragés, suivis. De pareilles sociétés de prêtres, hommes à la fois de paix et de progrès, sont évidemment appelées à servir de tampons — qu'on nous pardonne le mot — entre catholiques aux prises.

En Belgique on l'a compris.

On l'a compris aussi, depuis plus longtemps même, au Canada; et il semble que, dans les milieux où l'on pense, cette forme nouvelle d'un apostolat aussi vieux que l'Église prend de la consistance et tend à prévaloir. Nous en avons pour preuve les pages suggestives que M. le Chanoine de la Villerabel, secrétaire à l'évêché de Saint-Brieuc, consacrait dans la substantielle *Revue du Clergé français* à la mission des *Missionnaires agricoles* canadiens. La situation agricole des deux pays ne se ressemble pas de tous points. Mais chez nous comme dans cette partie de l'Amérique, il y a des misères nombreuses, intéressantes, à soulager, un double mouvement d'émigration et de dépopulation à enrayer.

Or, il arriva là-bas « que plusieurs prêtres, s'étaient d'abord mêlés étroitement à leurs peuples et leur avaient prêté le concours de leur intelligence pour étudier avec eux les moyens de rendre l'agriculture payante. Un jour, en face du mal grandissant de l'émigration, les chefs du clergé se sont émus, ils ont groupé ces éléments et ces forces dispersées, ils les ont liés en faisceaux, ils ont fait contracter à cette association une étroite alliance avec les représentants officiels de la Province et tout d'un coup s'est révélée la puissance immense dont disposait la patrie pour attacher au sol ses enfants tentés par l'attrait des villes et des aventures ».

Il en arrivera de même en France. « Lorsque les prêtres, dirons-nous encore avec M. de la Villerabel, seront devenus l'âme des sociétés agricoles, des comices, des réunions d'études pratiques, lorsqu'ils auront étudié partout avec leurs ouailles le travail de la terre dont elles vivent, les Évêques de France sentiront sous leurs mains cette force nouvelle, ils en réuniront à leur tour les éléments épars et en feront un solide faisceau. Sauver l'agriculture en assurant son progrès incessant, voilà la question sociale des ruraux. »

Parce que le prêtre est apôtre de la charité et ministre désintéressé de la paix sociale, nous souhaitons ardemment que des sociétés semblables à celle qui prospère dans le diocèse de Tarbes se constituent dans la France entière. Outre qu'elles deviendront un instrument de progrès et de moralisation, par elles aussi se réalisera parmi les catholiques, cette belle devise que nous faisons nôtre : « l'*Union dans l'action.* »

FIN

TABLE DES MATIÈRES

Préface de M. l'abbé Naudet.......................... v
Au lecteur... xii
Avant-propos. — La question rurale.................. xiv

PREMIÈRE PARTIE
LES ŒUVRES RURALES

CHAPITRE PREMIER. — Caisse rurale.

Importance du crédit pour le présent. — Son rôle social. — Le *Crédit foncier*. — Ceux qu'il a favorisés. — Le type populaire du crédit agricole ou la caisse Raiffeisein. — Son fonctionnement. — Baisse du taux de l'intérêt. — La caisse rurale se fonde sans argent.. 1

CHAPITRE II. — Syndicats agricoles.

Ce qui a été fait. — Syndicat paroissial. — Formalités à remplir pour fonder un syndicat............................ 16

CHAPITRE III. — Syndicats mixtes et syndicats parallèles.

Les Démocrates chrétiens préfèrent le syndicat parallèle. — Il sauvegarde la justice. — Il entravera la propagande socialiste. — Il prépare la véritable association professionnelle. — L'agriculture manque de bras; à qui la faute? — Ce qui s'est passé au congrès démocratique de Lyon.......... 23

CHAPITRE IV. — Syndicats d'industrie agricole.

Sa nature et son but. — Statuts. — Ce qui a été fait dans les Hautes-Pyrénées.................................... 36

CHAPITRE V. — Caisse d'assurances mutuelles contre la mortalité du bétail.

L'intérêt de cette œuvre. — La Fraternelle. — Avantages et inconvénients. — Un autre système. — Statuts. — Formalités à remplir. — On pare aux inconvénients par la fondation de caisses régionales.. 45

CHAPITRE VI. — A la recherche d'une retraite.

Les vieux parents à la campagne. — Les Démocrates chrétiens et la question des retraites. — Comment M. Le Marois interprète l'art. 6 de la loi de 1884. — La caisse de retraites du syndicat de Castelnaudary. — Formalités à suivre. — Résultats. — Une remarque en terminant................. 55

CHAPITRE VII. — Importance des habitations rurales a bon marché et petits domaines ruraux.

Encore la caisse rurale. — Comment elle aide les pauvres à acquérir leur maisonnette. — Exemple. — Une seconde méthode. — Lizez la *Justice sociale*. — Docteur Lancry et M. Huyghe. — La loi de 1894 sur les habitations à bon marché...... 70

CHAPITRE VIII. — Jardins ouvriers.

En quoi ils consistent. — Un Jésuite démocrate. — Le rôle social des jardins ouvriers. — A Besançon et à Cognac. — Ligue du Coin de Terre et du Foyer.................... 86

DEUXIÈME PARTIE

TARIFS DOUANIERS ET QUESTIONS CONNEXES

CHAPITRE PREMIER. — Liberté des tarifs. — Drawback et droit gradué.

Raisons pour lesquelles on préfère la liberté des tarifs aux traités de commerce. — Solidarité des intérêts agricoles et in-

dustriels. — Soyons justes envers les ruraux. — Le drawbach.
— Tarif fixe et droit gradué. — Projet Porteu. 93

CHAPITRE II. — Question monétaire.

Théorie des économistes. — Historique de la question. — Première conséquence de la crise, baisse universelle des prix. — Deuxième conséquence, la crise des changes. — Notre législation douanière est entravée. — Les nations à monnaie avariée augmentent leur exportation et perfectionnent leur industrie. — Le vrai rôle de l'argent. — Revenons au bimétallisme... 104

CHAPITRE III. — Admissions temporaires et acquits-a-caution.

En quoi consiste le régime de l'admission temporaire. — Les vices du décret de 1896. — Vœux de la Société des Agriculteurs de France.............................. 119

CHAPITRE IV. — Assimilation des pavillons et tarifs de pénétration.

Liberté des pavillons. — Elle produit l'avilissement du fret. — Double conséquence, ruine de notre marine marchande et prime à l'exportation des produits étrangers. — En quoi consistent les tarifs de pénétration. — Quelques exemples.. 131

CHAPITRE V. — Le cadenas.

Loi de juillet 1897. — Son utilité.................... 138

TROISIÈME PARTIE
RÉFORMES AGRICOLES

CHAPITRE PREMIER. — Chambres d'agriculture.

Incompétence de notre représentation nationale. — Vingt-sept millions de paysans attendent une représentation de leur profession. — Loi de 1851. — Un dictateur en appétit. — Décret de 1852. — Les remaniements qu'il a subis. — Représentation libre. — Projet Méline et Pontbriand. — Étudions-le. —

Nous ne sommes pas d'accord avec M. Boullaire. — L'électorat. — Chambre agricole du Dauphiné.................... 143

CHAPITRE II. — Conseils de prud'hommes agricoles.

La chicane et les paysans. — Juridiction professionnelle. — Ses avantages. — L'initiative privée................ 157

CHAPITRE III. — Officiers ministériels et les ruraux.

Comment on « tire au rôle ». — Vacations. — Réglementations des tarifs des officiers publics. — Conclusions et états de frais des avoués — Les publications légales........ 162

CHAPITRE IV. — Marchés a terme.

Spéculation. — Marché à terme, fictif, ferme et à prime. — Influence de l'agiotage sur les transactions commerciales. — Brigandage légal. — Revision de la loi de 1885, et de l'article 419 du Code pénal. — Projet de loi de M. Rose......... 169

CHAPITRE V. — L'impôt foncier.

§ Ier. — Études préliminaires de l'impôt. — Contributions directes. — Taxes assimilées. — Impôts de quotité et de répartition en centimes additionnels............................. 178

§ II. — Charges générales pesant sur l'agriculture. — Agriculture plus imposée que les autres sources de revenus. — M. Méline. — Calculs défectueux de M. Zolla............ 182

§ III. — Les prétendues charges que fait peser l'impôt foncier sur l'agriculture. — Résultats du dégrèvement de 1893. — Que ferait le propriétaire si l'on supprimait l'impôt foncier. — La grande propriété profiterait de cette suppression.. 186

§ IV. — Réformes à introduire dans la perception de l'impôt foncier. — Répartition des centimes additionnels entre les quatre contributions directes. — Impôts sur les bâtiments d'exploitation rurale. — Terres abandonnées ou en friche. — Diminution des centimes additionnels. — Revision du cadastre. — Projet de loi Boudenoot............................. 193

§ V. — La véritable réforme. — Impôt progressif..... 202

CHAPITRE VI. — Quelques autres charges agricoles.

Primes d'assurances. — Progressivité à rebours des droits de mutation et des frais de saisie immobilière.......... 205

QUATRIÈME PARTIE

RÉFORMES AGRAIRES

CHAPITRE PREMIER. — Liberté des conventions en agriculture.

La liberté et le droit. — Fausseté du raisonnement libéral. — Léon XIII le réprouve. — Le consentement du fermier est il libre ?.. 209

CHAPITRE II. — Les régimes d'exploitation rurale et les questions qu'ils soulèvent.

§ Ier. — Avant-propos. — Superficie proportionnelle des modes d'exploitation. — Y a-t-il association véritable dans le bail à ferme ?.. 219

§ II. — Remèdes proposés. — « Soyez son banquier ». — Bail à prime. — Rachat des années écoulées. — Clause anglaise de Lord Kames.. 221

§ III. — Fermage en nature........................... 225

CHAPITRE III. — Indemnité pour cause de plus-value.

Le code civil. — Précisons. — Exemple concluant. — Le fermier paie la moins-value. — Propriétaire et société y trouvent leur avantage. — En Angleterre. — Projet de loi Dubois. — Objections.. 230

CHAPITRE IV. — Réforme du fermage.

§ I. — Stabilité du fermage. — Raisons qui déterminent les deux parties à rechercher le bail à court terme. — Au moyen âge. — A la veille de la Révolution. — En Angleterre. — Bail amphythéotique 242

§ II. — Contrôle dans la fixation du fermage. — Loi de Cobden. — Loi de Ricardo. — Protection du fermier nécessaire. — En attendant le régime corporatif.................... 250

§ III. — Aliénation du droit de fermage. — En quoi consiste le droit de fermage. — Ce droit réel emporte la faculté d'aliénation.. 256

APPENDICE. — Les rentiers et la valeur vénale des terres.

Que vont devenir les « petits rentiers ». — Ils travailleront plus longtemps. — La vraie question posée. — Et les riches ? — Eux aussi travailleront. — La rente de la terre est déjà si peu élevée. — Il faut attribuer ce phénomène à la hausse constante du prix des terres. — Réformons le fermage : le propriétaire n'y perdra pas un centime; le fermier y gagnera... 259

CHAPITRE V. — Le métayage.

Différence entre métayage et fermage. — Supériorité sociale et économique du métayage. — Exemple. — Ce régime va peu aux paysans. — Pourquoi? — Réformes............... 269

CHAPITRE VI. — Petite propriété.

§ 1er. — Nombre des propriétaires ruraux. — Cotes foncières. — Enquête officielle de 1882........................ 282

§ II. — Ses avantages et ses inconvénients. A Fort-Mardick. — Ce que pensent de la petite propriété les libéralistes. — Le Pape n'est pas de leur avis. — Sociétés des Propriétaires chrétiens et des Agriculteurs de France... 284

§ III. — Dans quelle proportion elle disparaît. La théorie. — Le fait. — Dettes hypothécaires et expropriations annuelles. — Les statistiques. — Elles trompent. — L'ombre de Malthus.................................. 292

§ IV. — Moyens de garantir la petite propriété.

1º Abolition du partage forcé. — Les effets du code civil. — Les dispositions de la loi sur les habitations à bon marché. — Projet de loi Siegfried.

2º Immunité fiscale. — Pourquoi nous la réclamons. — Abbé Lemire à Lyon.

3º Insaisissabilité du *bien de famille*. — Elle est possible. — Bien plus, elle est indispensable. — Objections. — Assistance par le travail. — Les relais de mer.................. 299

APPENDICE

Biens communaux. — Droits d'usage. — Vaine pâture. — Glandée. — Aliénation. — La propriété communale nécessaire... 316

CHAPITRE VII. — Programme socialiste.

Congrès de Marseille et congrès de Dijon. — Vulgaires opportunistes. — Véritable pensée socialiste............ 323

CHAPITRE VIII. — Programme démocratique chrétien.

A Reims. — Un essai de programme................ 329

CONCLUSION

Les Missionnaires du travail. — Œuvres sociales et œuvres corporelles de miséricorde. — Au Canada. — L'union dans l'action... 334

308-98. — Corbeil. Imprimerie Ed. Crété.

CHEZ LES MÊMES ÉDITEURS

L'ASSOCIATION CATHOLIQUE
Revue des questions sociales et ouvrières
XXIII° ANNÉE

Les Abonnements partent du 1er Janvier

PRIX DE L'ABONNEMENT D'UN AN :

France, à la Revue.........	18 fr.	Union postale, à la Revue....	21 fr.
— au Supplément de conférences préparées....	2 fr.	— au Supplément de conférences préparées....	2 fr.
Ensemble....	20 fr.	Ensemble....	23 fr.

La Théorie moderne du Capital et la Justice
Par M. Henri SAVATIER
DOCTEUR EN DROIT
Rédacteur en chef de l'*Association Catholique*.

1 vol. in-8 de 250 pages.................... 5 »

L'ÉMIGRATION RURALE
PAR Mgr TURINAZ
Évêque de Nancy.

1 volume in-12.................... 0 fr. 50

Papes et Paysans
Par Gabriel ARDANT

Nouvelle édition (3° *mille*), avec lettre de Son Éminence le cardinal Rampolla, secrétaire d'État de Sa Sainteté Léon XIII.

1 vol. in-12.................... 0 fr. 50

308-98.  Imprimerie Ed. CRÉTÉ.

www.ingramcontent.com/pod-product-compliance
Lightning Source LLC
Chambersburg PA
CBHW050312170426
43202CB00011B/1867